固本开新

铸就地域文化新辉煌

董莉洁 著

湘潭大學出版社
XIANGTAN UNIVERSITY PRESS

图书在版编目（CIP）数据

固本开新 ： 铸就地域文化新辉煌 / 董莉洁著． -- 湘潭 ： 湘潭大学出版社， 2024.3
ISBN 978-7-5687-0897-5

Ⅰ．①固… Ⅱ．①董… Ⅲ．①地方文化－文化研究－中国 Ⅳ．①G127

中国国家版本馆 CIP 数据核字（2023）第 196898 号

固本开新 ：铸就地域文化新辉煌

GUBEN KAIXIN : ZHUJIU DIYU WENHUA XIN HUIHUANG

董莉洁 著

责任编辑：肖　迪
封面设计：悟阅文化
出版发行：湘潭大学出版社
社　　址：湖南省湘潭大学工程训练大楼
电　　话：0731-58298960 0731-58298966（传真）
邮　　编：411105
网　　址：http://press.xtu.edu.cn/
印　　刷：三河市华东印刷有限公司
经　　销：湖南省新华书店
开　　本：880 mm×1230 mm 1/32
印　　张：6.25
字　　数：140 千字
版　　次：2024 年 3 月第 1 版
印　　次：2024 年 3 月第 1 次印刷
书　　号：ISBN 978-7-5687-0897-5
定　　价：65.00 元

目　录

第一章　绪论

第一节　研究背景与研究意义

一、研究背景

（一）西方价值观念输入对中国社会主义核心价值观造成巨大冲击

中国特色社会主义进入新时代，这是我国发展新的历史方位，随着人民生活水平不断提高，国家综合国力不断增强，中国的国际地位进一步提升，中国特色社会主义的制度优势日渐凸显。以美国为首的西方敌对势力加紧对中国的遏制与围堵，不断采取各种措施对中国意识形态领域进行侵略和渗透。随着西方所谓的“民主”“自由”“多元文化主义”等观念的输入，我国社会主义核心价值观的建设遭到一定程度的冲击。同时，由于特殊的地缘政治因素，新疆一直以来都被西方敌对分子列为“西化”“分化”的重要对象。西方反华势力曾凭空捏造新疆“强迫劳动”的谬论，即编造“新疆强迫维吾尔族人从事摘棉花、摘番茄等工作”的谣言，并借此对新疆棉花、番茄和棉纺织行业实施禁令、非法扣押；西方反华政客蓬佩奥、伪学者郑国恩等人捏造中国在新疆搞“种族灭绝”的谬论，他们对外声称中国对新疆维吾尔族妇女实施“强制绝育”，造成维吾尔族人口大幅度下降。这些反华势力的根本目的为妄图在更大范围实现“以疆制华”图谋，西方反华势力持续上演的“政治秀”为新疆的社会发展带来了不稳定的因素。面对这一紧迫的形势，兵团红色文化传递的以“热爱祖国”为核心的正能量价值观念能够在抵御外辱、稳定民心等方面起到重要作用，应当积极弘扬兵团红色文化，使其担负起文化戍边的重大使命。因此，要用兵团红色文化教育引导广大党员、干部、职工赓续红色血脉、传承红色基因，进一步铸牢中华民族共同体意识，让兵团红色文化在忠诚履行新时代兵团职责使命、高质量推进现代化建设、促进共同富裕、建设美好新疆、实现新疆工作总目标中发挥更大作用。

（二）党中央和国家高度重视红色文化基因的传承与发展

党的十八大以来，以习近平同志为核心的党中央高度重视红色基因的传承与发展工作，在多次重要讲话和谈话中提到要用好红色资源，传承红色基因，弘扬伟大建党精神。习近平总书记曾指出，要用心用情用力保护好、管理好、运用好红色资源，要深入开展红色资源专项调查，加强科学保护，要开展系统研究，准确把握党的历史发展的主题主线、主流本质，旗帜鲜明反对和抵制历史虚无主义，要打造精品展陈，坚持政治性、思想性、艺术性相统一，用史实说话，增强表现力、传播力、影响力，生动传播红色文化[1]。习近平总书记的重要指示为红色文化的传承与发展工作指明了方向。党的二十大报告更是指出，“用好红色资源，深入开展社会主义核心价值观宣传教育”[2]。在党的号召和指引下，兵团红色文化的传承与发展研究工作势在必行。

二、研究意义

（一）理论意义

兵团红色文化形式多样、分布广泛、内涵丰富，是马克思主义基本原理与中国具体实践相结合的重要产物，是马克思主义世界观和方法论在新疆生产建设兵团的具体运用，是中国红色文化的重要组成部分，是思想政治教育的重要内容。加强对兵团红色文化的研究，是对中国红色文化研究的补充和发展。兵团红色文化的内核是以“热爱祖国、无私奉献、艰苦创业、开拓进取”为主的兵团精神，既丰富了以爱国主义为核心的民族精神，又升华了以改革创新为核心的时代精神，同时也是社会主义核心价值观的具体体现，是兵团人不断坚定文化自信的重要源泉。

---

[1] 2021年6月25日，习近平总书记在十九届中央政治局第三十一次集体学习时的讲话.

[2] 习近平.高举中国特色社会主义伟大旗帜　为全面建设社会主义现代化国家而团结奋斗——在中国共产党第二十次全国代表大会上的报告[M].北京：人民出版社，2023.

（二）现实意义

其一，接续和传承中国共产党与中国人民的奋斗精神。兵团的红色文化孕育形成于兵团的成长发展过程中，可以说，兵团的历史便是一部为国牺牲、为国奉献的历史，带有浓厚的红色基因。研究兵团红色文化的传承与发展，能够使党和人民的奋斗精神得以接续传承，激发广大兵团干部职工群众对兵团事业的热情及对实现共产主义理想信念的价值追求。将兵团红色文化融入兵团各级单位开展的思想政治教育活动中，能够坚定人们的理想信念，帮助其塑造正确的世界观、人生观、价值观。兵团红色文化展现出的巨大思想推动力和强大道德引领力，能够提高干部职工群众的政治认同感、社会责任感与历史使命感，进一步激发干部职工群众对中国特色社会主义现实理想的无限追求和为之奋斗的积极情绪。

其二，提高兵团文化软实力，加快提升建成兵团先进生产力和先进文化示范区的综合效率。改革开放与社会主义市场经济体制建立初期，兵团事业发展遇到了现实困难与挑战。兵团城市的发展速度相比内地其他省市较慢、兵团职工群众的生活水平同内地省市，特别是东部沿海地区相比较存在较大差距。近年来，这一状况虽然逐渐得到缓解，但兵团干部职工群众人才流失严重、人心不稳等问题依然存在，阻碍了兵团的发展。2022 年 7 月习近平总书记在视察兵团工作时强调："要加快推进兵团改革，深化兵地融合，打造城乡和谐的田园式家园，充分发挥兵团作为安边固疆稳定器、凝聚各族群众大熔炉、发展先进生产力和先进文化示范区的功能和作用，努力形成新时代兵团维稳戍边新优势。”[1] 习近平总书记发表的关于兵团的重要讲话为兵团事业的发展进一步指明了方向。兵团红色文化的传承与发展研究能够不断提高兵团文化软实力，用红色文化凝聚人心，用红色文化汇聚力量，将红色文化转为经济社会发展优势，带动红色产业发展，加快提升建成兵团先进生产力和先进文化示范区的综合效率。

其三，提高兵团文化戍边能力，维护新疆社会稳定和长治久安。随着时代发展变化，兵团职责使命的内涵也相应发生了变化。新时代兵团要聚焦维稳戍边新使命，不断提升维稳戍边能力，为实现新疆工作总目标服务。面对新疆长期存在的地缘政治斗争严峻、意识形态领域阵地争夺激烈等问题，兵团红色文化的传承与发展能够不断促进新疆人民的社会主义核心价值观建设，铸牢新疆各族人民的中华民族共同体意识，增强新疆各族人民的凝聚力和自信心，为新疆的社会稳定和长治久安注入强大的文化力量。

其四，为中华民族伟大复兴凝聚兵团文化力量。习近平总书记在党的二十大报告中指出要“推进文化自信自强，铸就社会主义文化新辉煌”，在推进文化发展过程中要“以社会主义核心价值观为引领，发展社会主义先进文化，弘扬革命文化，传承中华优秀传统文化”[2]。兵团红色文化是兵团人在

[1] 习近平：完整准确贯彻新时代党的治疆方略 建设团结和谐繁荣富裕文明进步安居乐业生态良好的美好新疆 [N]. 人民日报，2022-07-16（01）.

[2] 习近平 . 高举中国特色社会主义伟大旗帜 为全面建设社会主义现代化国家而团结奋斗——在中国共产党第二十次全国代表大会上的报告 [M]. 北京：人民出版社，2023.

中国共产党的带领下创造的社会主义先进文化，传承与发展兵团红色文化是新时代兵团坚持践行党的文化建设的正确方向，可以为我们不断推进文化自信自强，铸就社会主义文化新辉煌，实现中华民族伟大复兴注入强大的精神力量。

第二节　研究现状与述评

一、研究现状

（一）国内研究现状

1. 对红色文化的研究

21 世纪初，“红色文化研究”课题逐渐受到学术界的关注。党的十八大以来，习近平总书记高度重视红色基因的传承与发展工作，足迹踏遍我国的革命老区，西柏坡、沂蒙山、古田、延安、遵义、井冈山、嘉兴等地都留下了习近平总书记的身影，习近平总书记对红色文化资源保护和利用的高度重视，促进了近些年国内红色文化蓬勃发展，学术界掀起了红色文化研究的热潮。

本书利用中国知网（CNKI）平台，通过输入关键词“红色文化”检索 2003 年至 2023 年的相关文献，共检索出 29943 篇文献，其中 2003 年 1 月至 2013 年 1 月共计 2924 篇，2013 年 1 月至 2023 年 2 月共计 27028 篇，通过统计检索结果的数据可见，党的十八大之后，与红色文化研究相关的文献数量急剧增多，呈不断上升趋势。通过对相关文献内容进行分析，得出学术界对红色文化的研究主要集中在红色文化的概念、内涵，红色文化的特征，红色文化的价值，红色文化传承发展的问题和策略等几个方面。围绕以上主题，对国内红色文化研究相关文献的梳理如下。

（1）红色文化的概念内涵研究

“红色文化”一词是由“红色”和“文化”两个词复合而成。刘寿礼认为“红色文化从很大范围来说就是指在第二次革命战争时期诞生于井冈山和以瑞金为核心的中央苏区‘红土地’之上的人民大众反帝反封建的革命文化。”[1] 他所指的红色文化主要是指与红色文艺作品及相关的精神。渠长根指出，“红色文化概念有广义和狭义之分。广义上，主要指人类社会主义运动的整个历史过程中形成的人类文明的总和；狭义上，特指中国共产党带领中国人民在发展建设的过程中创造出来的物质和精神财富的总和”。[2] 何克祥认为，在广义层面上红色文化是指新民主主义时期和社会主义建设时期的文化；狭义层面上红色文化主要是指中国共产党独立领导中国革命创建革命根据地时期的革命文化。[3] 朱桂莲、李晶指出，红色文化是指中国共产党在发展的过程中形成的革命理论、革命经验和革命精神凝结而成的革命传统，是中国先进文化的组成部分[4]。

---

[1] 刘寿礼．苏区“红色文化”对中华民族精神的丰富发展研究[J] 求实，2004（07）：33–34.

[2] 渠长根．红色文化概论 [M]. 北京：红旗出版社，2017：7.

[3] 何克祥．红色文化与马克思主义中国化要论 [J]. 中共南昌市委党校学报，2007（1）：10–12.

[4] 朱桂莲，李晶．德育视角下的中国红色文化研究综述 [J]. 中国青年研究，2010（6）：87–89.

从客观角度进行分析，多数学者在红色文化的内涵构建与鉴定过程中具有一定程度的清晰特征，虽然就其细微角度会存在一定程度的认知分歧，但对红色文化在实际构建过程中其资源的主体、时间、内涵等方面的诸多界定具有高度的一致性。总体而言，从对国内学界现有的红色文化概念内涵方面的成果进行详细的研究以及分析可以发现，仍然需做进一步的分析研究，并且，拥有深入研究的必要性。

（2）红色文化的特征研究

学术界将“红色文化”视为社会主义文化的重要组成部分，因此，它既具有社会主义文化的共性特征，也突出其“红色”二字的独有特色。胡守勇认为红色文化具有先进性、民族性、实践性、斗争性、开放性、人民性[1]；张红英等人将红色文化的特征概括为政治性、先进性、革命性、人民性、发展性[2]。沈成飞、连文妹从红色文化概念和价值的内核与外延出发，将红色文化的特征概括为丰富多样性、革命先进性和开放永恒性[3]。以上学者的观点，也是当下学术界普遍认同的观点，总结起来，红色文化具有内涵的丰富性、分布的广泛性、地方文化的特色性、精神的传承性、物质资源的原真性。

---

[1] 胡守勇．红色文化：概念、特征与新时代价值[J]．攀枝花学院学报，2018，35（04）：16-21.

[2] 张红英，何志敏．论红色文化的基本特征及其当代价值[J]．毛泽东思想研究，2020，37（05）：127-134.

[3] 沈成飞，连文妹．论红色文化的内涵、特征及其当代价值[J]．教学与研究，2018（01）：97-104.

（3）红色文化的价值研究

从哲学视角来看，价值属于关系范畴，从认识论上来说，是指客体能够满足主体需要的效益关系，属于表示客体的属性和功能与主体需要间的一种效用、效益或效应关系的哲学范畴。从文化的价值方面来看，红色文化具有多重价值。周宿峰认为，红色文化具有政治属性，并且其价值独领红色文化价值体系之首，它是中国共产党执政文化的基础，有利于培育人民群众政治认同感，为促进政治发展提供思想支撑，极大地丰富了政治理论的内容。[1] 何其鑫、向国华、余雪源认为，红色文化在社会主义核心价值观的培育过程中起着举足轻重的作用，是后者的精神源泉、力量支撑和得天独厚的载体。[2] 沈成飞等人认为红色文化能够抵御历史虚无主义的泛滥、增强文化自信、标注中国特色，并进一步提升国家认同。[3] 张红英等人认为红色文化对社会主义核心价值观的培育与践行具有积极作用，是高校思想政治课堂的重要学习内容，对经济发展和社会进步有促进作用。[4] 对学术界关于红色文化价值相关研究的观点进行梳理，主要归纳为政治价值、经济价值、文化价值、教育价值和其他价值五大类。由此可

[1] 周宿峰. 红色文化基本问题研究 [D]. 长春：吉林大学，2014.

[2] 何其鑫，向国华，余雪源. 红色文化资源在培育社会主义核心价值观中的应用 [J]. 江西社会科学，2013，33（10）：235-239.

[3] 沈成飞，连文妹. 论红色文化的内涵、特征及其当代价值 [J]. 教学与研究，2018（01）：97-104.

[4] 张红英，何志敏. 论红色文化的基本特征及其当代价值 [J]. 毛泽东思想研究，2020，37（05）：127-134.

见，红色文化的价值是潜在价值，附着于各类红色文化资源之上，需要人民群众去关注它，并正确合理地对其进行开发、利用和保护，并进一步发挥其社会影响，实现其价值。

（4）红色文化传承与发展的问题和路径研究

红色文化传承与发展的问题和路径研究是当前学术界关注较多的方面。武雪提出当前红色文化传承与发展过程中出现大众传承意识不强、保护工作不到位、媒介传播同质化等问题，并针对出现的问题提出了强化主体教育、改善客体环境、创新媒介宣传的解决策略，从而推动文化认知、增强文化认同、提升文化自觉[1]。文丰安主张通过建立健全红色文化的传承机制来对红色文化进行传承与发展[2]。张帆从宣传、人才、保护力度、西方文化冲击、新兴媒体的冲击等方面分析了新时代红色文化传承与发展遇到的主要问题，并相应提出了解决策略。[3]更多的专家学者则侧重于分析某一特定地区的红色文化的传承与发展工作，针对当地红色文化传承与发展过程中出现的问题提出解决策略。任涛玉从内蒙古的红色文化传承与发展过程中遇到的具体情况进行具体分析[4]。郭星

[1] 武雪．中国共产党红色文化传承研究 [D]. 北京：北方工业大学，2022.

[2] 文丰安．新时代红色文化传承与发展研究 [J]. 学习与探索，2020（11）：54-62.

[3] 张帆．新时代红色文化传承与发展研究 [D]. 长春：长春工业大学，2021.

[4] 任涛玉．内蒙古红色文化传承与发展研究 [D]. 内蒙古：内蒙古师范大学，2020.

星对河南红色文化的传承与发展路径进行了探讨[1]。综上所述，红色文化在传承发展过程中存在着不少的问题，各地区的红色文化传承与发展过程中存在的问题既有共性问题也有个性问题，需要针对各地区出现的问题进行具体分析，让各地的红色文化都能得到很好的发展。

2. 关于兵团文化的研究

在兵团文化方面的研究，学术界侧重关注兵团文化的作用。王玉林认为兵团文化是兵团屯垦戍边实践的精神成果，是一种集体主义性质的文化，核心是兵团精神。[2] 李成认为兵团文化是兵团事业发展进步的源泉。[3] 余刚认为兵团文化在屯垦戍边、构建和谐兵团、展示兵团等方面起着重要作用[4]。孟丁山认为兵团文化在传播中华优秀传统文化和社会主义先进文化，融合各民族文化，推动新疆文化发展，促进民族团结，增强中华民族凝聚力，抵御“三股”势力渗透等方面发挥着重要作用[5]；邢玉红认为兵团文化为维护新疆社会稳

[1] 郭星星 . 河南红色文化传承与发展路径探讨 [J]. 文化创新比较研究，2022，6（30）：83-86+107.

[2] 王玉林 . 论兵团文化及其发展 [J]. 中国农垦，2004（04）：20-22.

[3] 李成 . 兵团精神与兵团文化 [J]. 兵团党校学报，2007（06）：43-44.

[4] 余刚 . 多元一体视角下的兵团文化研究 [D]. 新疆：石河子大学，2011.

[5] 孟丁山 . 兵团文化简论 [J]. 新疆艺术，1997（01）：4-7+17.

定、繁荣地方经济提供了重要精神动力。[1]2014 年，习近平总书记视察新疆及兵团时提出，兵团文化集红色文化、中原文化、边疆文化于一体；明确要求兵团发挥“推动文化交流”特殊作用，真正成为“先进文化的示范区”。[2] 习近平总书记对兵团文化的特征进行了高度概括，将兵团在文化方面的特殊作用提升至关乎新疆社会稳定和长治久安的战略高度。此后，学界围绕兵团“推动文化交流”“建设先进文化示范区”问题进行了较广泛的研究。

3. 关于兵团红色文化的研究

兵团红色文化是兵团文化的重要分支，兵团精神是兵团红色文化的内核。利用中国知网（CNKI NET）以“兵团红色文化”为主题进行检索，截至 2023 年 2 月 27 日，检索出 75 篇相关文献，其中硕博论文 15 篇、期刊 50 篇、报纸 14 篇、会议 1 篇。从研究主体来看，研究兵团红色文化的主要群体集中在兵团系统，以兵团党委党校系统和兵团高校为主。从研究成果发表的时间来看，党的十九大以来，学术界对兵团红色文化的研究关注度达到高峰，2017 年至 2023 年共检索出 61 篇相关文献。

从现有研究来看，学术界关于兵团红色文化的概念的界定尚未清晰。朱文认为兵团红色文化蕴含于兵团文化之中，

---

[1] 邢玉红 . 论兵团文化的历史生成、发展和实践价值 [J]. 新疆大学学报（哲学·人文社会科学版），2013，41（04）：70-73.

[2] 习近平：紧紧依靠各族干部群众共同团结奋斗 建设团结和谐繁荣富裕文明进步安居乐业的社会主义新疆 [N]. 人民日报，2014-05-01（01）.

其包含物质文化、精神文化和行为文化。[1] 张浩认为兵团红色文化就是脱胎于兵团文化，以马克思主义为指导思想的先进文化。[2] 吴重吞认为兵团文化等同于红色文化，认为兵团文化是在红色文化的实践中孕育而升华的。[3] 胡建松认为兵团红色文化资源是中国共产党领导兵团儿女在长期的屯垦戍边伟大实践中所孕育并创造的物质形态和非物质形态历史文化资源的总称[4]。较多学者关注兵团红色文化融入学校思想政治教育的研究，马丽杰使用调查问卷的形式对兵团红色经典在新疆高校思想政治教育中的运用情况进行调查分析，探索出加强红色经典在高校思想政治教育的路径[5]。吴园园等人从教学内容、教学方式、学生认知力、学校文化建设和宣传力度等方面探寻了新疆高职院校兵团红色文化教育存在的不足[6]。张玉东使用 SWOT 分析法对兵团红色体育融入体育教育

---

[1] 朱文.论兵团红色文化的特征[J].民族论坛，2018（02）：108–112.

[2] 张浩.新时代兵团红色文化传承研究[D].新疆：石河子大学，2020.

[3] 吴重吞.兵团文化的先进性特质[J].兵团建设，2011（23）：34–36.

[4] 胡建松.兵团红色文化资源融入大学生思政课教学的实践探究[J].兵团教育学院学报，2021，31（03）：26–30.

[5] 马丽杰.兵团红色经典文化在新疆高校思想政治教育中的运用研究[D].新疆：石河子大学，2018.

[6] 吴园园，张倩倩.新时期新疆高职院校兵团红色文化教育实践研究[J].黑龙江生态工程职业学院学报，2019，32（05）：102–103+107.

的可行性进行了分析[1]。马志强等人提出通过打造红色文化教育基地建设、塑造专业团队，讲好兵团红色故事，发展红色旅游、进行红色主题研学活动的方式加强兵团红色文化资源嵌入高校思想政治教育的力度[2]。

（二）国外研究现状

国外专家学者对中国红色文化的相关研究相对较少，以美国著名中国问题学者、哈佛大学教授裴宜理为代表。裴宜理长期从事中国革命传统的研究，以独特视角挖掘中国革命政治，其研究涉及中国的工人运动、农民问题与中国革命的文化、动员方式等多方面，同时对近代中国民众反抗和底层政治、中国政府的治理路径及其有效性、中国革命的渊源和意义等问题有深度见解。其创作的《安源——挖掘中国的革命传统》一书，阐释了早期中国共产党的传统和中国共产党具有的持久生命力。2011 年 4 月 15 日，中国社会问题研究中心主任于建嵘与裴宜理进行主题为“红色文化与中国革命传统”的对谈，而对谈的时间背景正处于中国各地掀起传承红色基因的热潮期。在对谈中，裴宜理表达了他对中国革命的认同，并指出中国革命者善于利用文化资源，同时也提醒要小心使用革命传统。[3] 裴宜理从不同的视角向大家展示了

[1] 张玉东．兵团红色体育融入石河子中学体育课程的可行性研究 [D]. 新疆：石河子大学，2018.

[2] 马志强，卡马力提．兵团红色文化嵌入新疆高校思政教育的路径研究 [J]. 昌吉学院学报，2022（03）：39-44.

[3] 于建嵘，裴宜理．红色文化与中国革命传统——于建嵘、裴宜理对谈 [N]. 南方周末，2011-06-16（F31）.

中国革命传统所具备的力量和我们在使用革命传统时应该注意的事项，对国内学者研究中国红色文化有重要的借鉴意义。

国外专家学者以兵团红色文化为主题的论述较为稀少，对兵团的研究也相对较少，他们更多地关注兵团的军事职能，并且在研究过程中意识形态色彩突出。Donald 肯定了兵团在新疆经济发展和提高当地人民生活水平方面的作出的贡献，但他认为兵团的存在是汉人组织对非汉人地区的侵占，兵团成立后承担的主要作用是进行殖民化运动。[1] 他这一学术观点在很长一段时间里影响着西方学术界对兵团的研究思路。Thomas M. J. Cliff 突破了前人对兵团在意识形态领域的研究方向，更关注改革开放后，在社会主义市场经济建设大背景下兵团的发展现状。[2] 但因其仅凭借报纸、电视新闻等渠道获得信息进行研究，研究具有一定局限性。

二、研究述评

综合来看，当前国外对红色文化的研究不够深入，对兵团红色文化的相关研究较少，但已有研究在一定程度上能从

---

[1] Donald H. McMillen . Xinjiang and the Production and Construction Corps : A Han Organisation in a Non-Han Region [J]. The Australian Journal of Chinese Affairs , 1981，6：65-96.

[2] Thomas Matthew James Cliff , Neo Oasis . The Xinjiang Bing tuan In the Twentyfirst Century [J]. Asian studies Review , 2009，33：83-106.

不同视角为我们研究当前问题提供理论思考和经验借鉴。国内对红色文化方面的研究在逐步深入，并在各方面都取得了一定成果，为本研究奠定了深厚基础，提供了重要的经验。从当前兵团红色文化研究成果来看，以兵团红色文化为主题的研究内容较少，对兵团红色文化的概念界定尚不清晰，对兵团辖区物态红色文化资源和红色精神文化资源进行系统研究的成果较少，尤其在兵团辖区红色文化传承与发展的具体路径方面尚存在较大的研究空间。

第三节　研究思路及方法

一、研究思路

本书在对兵团红色文化的内涵、特征、价值等方面进行研究的基础上，全面梳理兵团各师市、团场（镇）、连队等红色文化资源的分布和特征，探究兵团红色文化资源传承与发展过程中存在的问题，并在分析问题成因的基础上，有针对性地提出相应策略，为兵团红色文化的传承发展提供现实依据。

二、研究方法

1. 文献分析法

通过查阅文献，在充分了解兵团的特殊体制机制，特殊职责使命的基础上，梳理和把握兵团红色文化的形成背景，围绕兵团红色文化传承与保护的研究主体，梳理近年来国内外专家学者的相关研究，吸收、把握最前沿的研究成果，用以指导本课题的研究。

2. 田野调查法

在研究兵团红色文化基因的传承与发展时，围绕兵团师市、团场（镇）进行有针对性的调查研究，重点对兵团辖区红色文化资源的分布、开发、保护与利用、传承及发展等方面的具体情况进行信息收集和案例分析。田野调查能够较为及时地获得可靠的一手资料，增加研究的信度和效度，提高课题研究质量。

3. 综合分析法

综合运用社会学、哲学、历史学、语言学等多学科知识，将红色文化的传承与发展同兵团的职责使命相连接，对兵团红色文化的概念进行界定，对兵团红色文化的生成与价值进行较为全面的把握和了解，进一步分析兵团红色文化传承与发展过程中遇到的现实问题和传承路径，以期增强本文的严谨性和科学性。

4. 比较研究法

通过对比其他地域的红色文化传承与保护工作，例如分析湖南、四川、山东、贵州等地的红色文化传承与发展路径，更好地研究和判断兵团在红色文化传承与发展过程中的优势和劣势，从而找到适合且有效的兵团红色文化传承与发展途径。

第四节　创新之处与不足

一、创新之处

（一）学术思想、学术观点的创新

1. 兵团红色文化是加快兵团构建先进生产力和先进文化示范区的主导因素之一。

2. 兵团红色文化是推动民族交流、交融的重要内容，是推动新疆各族同胞铸牢中华民族共同体意识的重要载体。

3. 兵团红色文化的传承发展最终是为新疆社会稳定和长治久安的总目标服务。

（二）研究方法的创新

1. 结合兵团历史和兵团地理位置的特点，在新疆治理视域中整体性考察兵团红色文化基因对新疆社会稳定和长治久安的重要作用，这种研究思路具有一定创新性。

2. 理论研究与实践研究相结合、综合研究和专题研究相结合的研究方法有一定可取之处。

二、不足之处

兵团红色文化资源内容丰富，分布广泛，但由于本课题研究时间有限，笔者在对兵团辖区的红色文化资源现状进行调研时，足迹未能遍布十四个师市，对个别师市的红色文化资源的传承与保护现状没能做到完全了解掌握，因此，本书的研究内容有待深入。

第二章　兵团红色文化概述

第一节　红色文化的内涵

文化，即以文化之、以文教化，文化的过程便是人化的过程。当前国内外专家学者对“文化”一词争议较多，对其定义已超过了 500 种，足以看出“文化”一词的复杂性。可将“文化”一词作广义和狭义的理解。《辞海》中记载其广义为“人类社会的生存方式以及建立在此基础上的价值体系，是人类在社会历史发展过程中所创造的物质财富和精神财富的总和”。[1] 狭义角度来理解“文化”一词，学术界影响力较强的是英国著名的文化史家泰勒，他将其定义为“所谓文化或文明，乃是包括知识、信仰、艺术、道德、法律、习俗以

[1]《辞海》编委会 . 辞海 [M]. 上海：上海辞书出版社，1979.

及包括作为社会成员的个人而获得的其他任何能力”。[1] 从人类发展的历史进程和社会的发展规律来看，文化是不能够脱离人类的社会实践活动而单独存在的。人类在参与社会实践的过程中充分发挥主观能动性，对社会进行创造性改造，使文化呈现多元且丰富的特点，从而也能体现文化创造主体的思想意识和价值追求。

一、红色文化的内涵

“红色文化”一词是由“红色”和“文化”两个词组成的复合词。首先我们对“红色”进行阐释。“红色”是一种非常醒目的色彩，是光的三原色，它能和绿色、蓝色，混合叠加出任意色彩。中国人自古以来就偏爱红色，将其作为喜庆的代表，逢年过节、婚嫁喜事等都喜爱用红色来体现喜事的风采。在性格色彩中红色往往代表乐观、向上、热情、开放、大方的性格。红色原本是自然存在的色调，却在特定场合被赋予了深刻的人文含义。中国共产党在进行无产阶级革命、推翻旧政权、改造旧社会时将红色作为自己的底色，“红军”“红色政权”等称号应运而生，代表热情洋溢的“红色”寄托了中国共产党人对无产阶级革命寄予的崇高希望和远大理想。因此，我们说“红色文化”并非从天而降，而是从中国无产阶级革命中孕育、生成而后不断发展，印证了中国共

[1] 中国大百科全书总编辑委员会《社会学》编辑委员会，中国大百科全书出版社编辑部编．中国大百科全书（社会学）[M]. 北京：中国大百科全书出版社，1991：409.

产党艰苦的成长历程。

红色文化有狭义和广义之分，狭义的红色文化一般是指革命文化；广义的红色文化指的是自1921年中国共产党成立以来，党带领全国人民经过艰苦卓绝的革命战争、进行社会主义建设、经历改革开放、进而持续深化改革的具体实践中形成的社会主义主流文化。红色文化承载着中国共产党和中国人民对美好生活的向往，体现着党和人民的价值、信念、道义、信仰。当前中国文化形式多样、内容丰富，“红色文化”是中国文化的重要组成部分，是社会主义先进文化的重要代表，具有引领文化发展和弘扬社会主义文化主旋律的重大作用。红色文化代表着中国共产党人崇高的价值旨趣，旨在解放人类，让人类回归本真，成为社会的主人，进而达到让人类全面发展且自由的状态，遵循了人类社会的发展规律。总的来说，共产党人有坚定的共产主义和社会主义理想信念、积极乐观的革命情怀，健康向上的社会交往心态，升华了以“热爱祖国”为核心的中华民族精神，这也成了红色文化的本质所在。因此，充分挖掘红色文化的深刻理论内涵，加强红色文化建设，对建设具有中国特色的社会主义先进文化、构建社会主义核心价值体系意义深远。

二、兵团红色文化的内涵

兵团红色文化从兵团事业的具体实践中衍生，在党带领人民军队在新疆进行开发建设过程中孕育形成，具体形成发展于社会主义革命和建设时期。在近70年的屯垦戍边实践中，兵团人始终保持着中国共产党人的优良革命传统，传承了中国革命精神。具体而言，兵团红色文化就是脱胎于兵团文化，以马克思主义为指导思想的，具有革命传统基因的，以“热爱祖国、无私奉献、艰苦创业、开拓进取”的兵团精神为核心的，以革命遗址遗迹等物态红色文化资源和红色文艺经典为载体的社会主义先进文化。当前加强对兵团红色文化的传承与发展研究对建设中国特色社会主义先进文化具有重大意义。

第二节　兵团红色文化的特征

一、科学性

科学性具体指在实践的基础上，经过实践的检验和严密逻辑认证，认清客观事物的本质或运动规律。兵团的建立，是以毛泽东同志为核心的党的第一代中央领导集体根据当时的世情、国情、疆情作出的重大战略部署，是对历代屯垦精神的继承。兵团红色文化的科学性特质，在于其充分适应了党和国家的战略要求，体现了先进实践的内在本质。中国人民解放军进军新疆，开发建设新疆，就地转业组建兵团，体现了党中央的科学决策。支边青年、复员转业军人等无数先进分子的融入，为新疆带来了先进的科技、文化、社会生产力和丰富的生活经验，与各族群众进行了深度融合，促进了新疆的社会稳定，推动了新疆社会生产力和先进文化的发展。党中央这一科学伟大创举，无不展现着中国共产党人卓越的政治智慧。

在近 70 年的屯垦戍边实践中，兵团人始终牢记党中央的殷切嘱托，担负着屯垦戍边的职责使命，本着不与民争利的原则，在新疆“水到头、路到头、田到头”的戈壁、荒原乃至沙漠边驻扎建设，石河子、阿拉尔、北屯、五家渠、奎屯等一大批军垦新城崛地而起，像一颗颗闪亮的明珠深深嵌入新疆天山南北。兵团在亘古荒原上开发了示范新疆、领先全国的现代农业网络，建立起新疆第一批现代工业企业，为新疆的长足发展奠定了强有力的物质基础，新疆人民的生活质量有了大幅度提升。兵团事业也从无到有、从小到大，在屯垦戍边和维稳戍边的具体实践活动中呈现出美好前景。

兵团人在不断创造令人骄傲的巨大物质财富的同时，也创造了让人自豪的精神文化成果，不断满足兵团干部职工群众日益增长的精神文化需求。借助中央加大支持兵团发展的机遇，兵团人建立健全公共文化服务体系，举办丰富多样的群众文化活动，加大文化产业投入，鼓励群众参与文艺创作，在兵团党委的坚强领导下，一大批优秀的文艺精品应运而生。一件件优秀作品展现着兵团人积极向上的精神风貌，体现着兵团人高尚的精神品质，凝聚着兵团人的卓越智慧，真实反映了兵团的社会主义发展规律。一批批优秀红色文艺作品背后承载的兵团精神是兵团实践科学性的结晶。

二、时代性

兵团红色文化具有明显的时代性特征。1949 年，随着新疆和平解放的锣声敲响，中国人民解放军浩浩荡荡进入新疆，担负起维护祖国边防安全和开发建设新疆的大任。兵团始终随着共和国前进的脚步而不断成长。兵团成立的时期也是党和国家探索如何建设社会主义的关键时期，全国各地都在进行社会主义建设的伟大实践，凝聚形成了社会主义精神文化成果，为兵团事业的发展提供了重要的经验借鉴和精神养料。兵团人主动吸收借鉴，结合兵团事业的具体实际，将重要的精神文化成果创造性地运用于兵团实践活动中，凝聚形成具有兵团特色的兵团文化，总结升华了兵团精神。可以说，社会主义的时代烙印自兵团事业的奠基之日起就被深深镌刻。

改革开放以来，兵团随着全国人民一道踏上了建设具有中国特色的社会主义的道路，投入到全面推进现代化建设的伟大实践中，兵团事业也再次焕发蓬勃生机和强大活力。在改革开放的时代感召下，在探索中国特色社会主义的伟大实践中，兵团人以先进文化为引领，对自身文化进行创造和发展，对兵团精神的内涵进行了升华，唤起了兵团干部职工群众主动投入到兵团事业建设中去的历史自觉性，更好地担负起屯垦戍边与维稳戍边的大任。兵团人拥有全球战略视野和战略眼光，将兵团事业放到国内国际形势的发展变化中去把握，将其作为新疆社会稳定和长治久安的重要力量去发展。在改革开放和社会主义市场经济体制建立初期，面对如何处理屯垦与戍边、特殊管理的体制机制和市场机制、兵团和地方这三大关系的重要课题，兵团直面问题所在，抓住问题关键，以国家利益和新疆各族人民的利益为重，以新疆社会稳定和长治久安为工作重心，不断深化改革，转变经济发展方式，发挥开拓进取的创新意识，使兵团“国防卫士”“生产卫士”“生态卫士”的身份更加清晰可靠。

三、民族性

民族性是兵团红色文化较为突出的特征。首先，兵团始终将党和新疆各族人民的利益放在首位，将各族人民的利益与兵团自身的利益有机地结合起来，并进而维护着中华民族的根本利益——实现祖国完全统一。兵团人坚持“不与民争利”的原则开发建设新疆，在环境极为艰苦的条件下一手拿犁，一手拿镐，以天为被，以地为床，经过艰苦卓绝的斗争，一片片戈壁荒滩变成沃野良田，一座座军垦新城拔地而起，新疆的面貌发生了翻天覆地的变化，兵团人在屯垦戍边实践中形成的伟大兵团精神，是对绵延数千年的中华民族精神的升华，是兵团红色文化的精神内核。其次，兵团红色文化是由兵团各族干部职工群众共同创造的，凝聚着各族干部职工群众的智慧和精神力量。新疆是多民族聚居之地，兵团插花式地嵌入在新疆各地州市，决定着兵团具有民族多样性的特征。兵团辖区居住着包含维吾尔族、哈萨克族、回族、蒙古族等 37 个少数民族，受不同民族的语言、风俗、习惯、信仰等众多因素影响，兵团红色文化呈现出多样的民族特色和心理，兵团红色文学艺术作品的展现形式也突出了民族性特点，满足了新疆各族群众的不同精神文化需求。

四、地域性

地域性是兵团红色文化的显著特征。兵团红色文化是兵团文化的深层次内容，也是兵团文化特有的标识。兵团红色文化是历经兵团军垦三代人不分民族不分时间在兵团、新疆地域长期融合积淀产生的一种本土性的文化资源。兵团红色文化孕育于兵团屯垦戍边的实践中，以新疆兵团特有的文化资源为成长土壤，以凝聚人心、鼓舞斗志、塑造品行为己任，植根于新疆兵团特殊的地理环境中，不断吸收营养成分得以形成和发展。兵团红色文化具有明显的地域性的特征，也就是说兵团红色文化的形成与发展离不开当时当地的自然环境、生活方式、社会习俗、价值观念、文化形态和历史传统等。

兵团红色文化形成于新疆兵团特殊的地理环境之中。新疆位于亚欧大陆中心，远离海洋，“三山夹两盆”是其主要的地形特征。北部为阿尔泰山，中部横亘着天山山脉，南部是昆仑山脉，北面有准噶尔盆地，南面有塔里木盆地。受气压带和风带的影响，新疆属温带大陆性气候，四季分明，冬天漫长而寒冷，夏季短暂且炎热。在新疆就地转业组建兵团的军垦战士们，谨记党中央嘱托，本着不与民争利的原则将兵团各师市建立在“路到头、水到头、田到头”的沙漠、戈壁周边，这些地区的交通、信息、物流等方面都极其不便利，而兵团团场，尤其是边境团场更是处在自然条件恶劣的边远、高寒、干旱缺水的地区。这些地区气候恶劣、灾害频发，挑战着人类生存的底线。兵团红色文化在这样的地理环境中形成和发展，其主要内容就常常表现为兵团人在独特的地域环境中与恶劣的自然条件作斗争，征服自然、改造自然、创造奇迹，于是在特定的地域环境中孕育产生了“热爱祖国、无私奉献、艰苦创业、开拓进取”的兵团精神。

五、继承性

第一，兵团红色文化是对中国历史上历代屯垦文化的继承。西汉时期，中央政府便派百余人至乌孙国眩雷开启了屯田工作，而后历朝历代，以不同的形式延续着屯田事业，在开垦西域土地的同时，巩固了祖国西北边防，促进了民族融合，维护了国家安全和社会稳定。兵团红色文化便是对两千余年形成的屯垦文化的继承，兵团人在新中国成立以后在祖国边疆担任起屯垦戍边的使命，让利于民、服务于民、为国奉献、为国牺牲，面对新疆发生的多起暴力恐怖事件，兵团人第一时间拿起战斗的武器冲锋在前，有效平息了事态，为新疆的社会稳定贡献了力量。纵观兵团近 70 年的发展史，就是一部屯垦戍边史，更是一部维护国家安全和祖国统一，促进新疆社会稳定和长治久安的发展史。

第二，兵团精神是对延安精神以及南泥湾精神的继承。延安精神的核心是“坚定正确的政治方向，解放思想、实事求是的思想路线，全心全意为人民服务的根本宗旨，自力更生、艰苦奋斗的创业精神”，而兵团的成立，便是党和国家根据国际、国内形势的具体变化作出的重大战略部署，贯彻了实事求是的思想路线。兵团人“热爱祖国、无私奉献、艰苦创业”的品质与延安精神的价值取向相一致，兵团人始终坚持让利于民的原则，到新疆最艰苦的地方进行开发建设，为新疆人民做好事，“献了青春献终身，献了终身献子孙”这都是延安精神的传承表现。兵团人所展示的精神风貌，也是南泥湾精神在新疆屯垦实践的具体体现。兵团精神的实践主体对南泥湾精神的实践主体具有一定继承性，南泥湾精神是由三五九旅创造出来的，三五九旅是南泥湾精神最有代表性的实践主体，三五九旅经过三年的大生产，于 1944 年由其主力组成南下支队，南下广东后又回师中原，冲破国民党军队重重围困胜利回到延安，编入晋绥军区第二纵队，后转隶西北野战军参加了保卫延安的战役。1949 年，晋绥军第二纵队改称第一野战军第二军，三五九旅改称为第五师，在三五九旅的基础上建立的独立第六旅改成第六师，参加了解放大西北的系列战役，部队驻扎新疆后，这些由三五九旅发展而来的官兵通过派出政工干部整编国民党起义部队和民族军，带头在新疆开展大生产运动，使南泥湾精神成为驻疆部队和兵团创业者的主导性的精神面貌，成为所有兵团人的价值指引，因此兵团被称为“三五九旅的传人”[1]；并且，南泥湾精神所引导的屯田实践是“又战斗又生产”，这也是兵团实践的特色。南泥湾屯垦鲜明地展示了中国人民军队自力更生、艰苦奋斗的作风，这是兵团人的鲜明作风。南泥湾精神是兵团人的旗帜，兵团人直接从中汲取了丰厚的精神养分。

六、创新性

创新是一个民族进步的灵魂，是一个国家兴旺发达的不竭动力。兵团的组建和发展是党中央将马克思主义基本原理与中国新疆的具体实际相结合的实践成果，同时又继承了中国历代以来的屯垦思想，体现了马克思基本原理与中华优秀传统文化相结合，并将其进行创造性转化和创新性发展。人民解放军复员转业在新疆驻地组建生产建设兵团，开启了近70年的屯垦戍边实践，是党在社会主义建设时期开拓进取、与时俱进的鲜明品格的生动实践。

兵团红色文化的精神内核就充分体现了对中华优秀传统文化的继承和弘扬，吸收了历代屯垦文化的精髓。兵团是一

[1] 卢晓峰．兵团精神研究 [M]. 北京：人民出版社，2013: 82.

个文化大熔炉，悠悠五千年中华文化是它的肥沃土壤，赋予了兵团文化发展的高位起点。在20世纪五六十年代，五湖四海的青壮年、知识分子们受到国家的感召纷纷涌向兵团，在亘古荒原上开启了伟大的屯垦戍边实践。来自天南海北的支边青年汇聚兵团，他们将天南地北的文化在兵团进行融合再发展。南方思维的缜密，北方性格的豪爽，沿海地区的开放，不同方言的碰撞，饮食文化的差异，民族风俗的变化，全国各地的风土人情汇聚于此，形成兵团文化百花绽放的新局面，勾勒出兵团文化的新景观。兵团事业延续了我国两千多年的屯垦事业，进行了屯垦事业的新创举，奠定了深厚的人文底蕴。靠着兵团人的双手，无数前人从未涉足的戈壁荒滩被开垦成为文化昌明之所，一片片绿洲沃野、一座座团场城镇崛起于大漠周边、边境一线，在昔日有边无防的漫漫边关筑起了屯垦戍边的坚固屏障，城镇化、新型工业化、农业现代化开辟了屯垦戍边新的光明通途，一个个人间奇迹、一曲曲爱国壮歌谱就了兵团人高扬民族精神、传扬屯垦历史文化的激昂主旋律，这一切文化现象，共同体现了兵团红色文化的创新性。

第三节　兵团红色文化的价值

一、兵团红色文化的政治价值

兵团红色文化为维护新疆社会稳定和长治久安筑起文化堡垒。新疆是我国国防安全的战略要地。当前新疆意识形态领域形势总体呈现向好的态势，但新疆意识形态领域一直是没有硝烟的战场，面临各种文化思潮交锋的复杂局面，宗教极端思想暗流涌动，“三股势力”企图破坏民族团结、制造民族分裂，意识形态领域形势复杂严峻，阵地争夺激烈。[1]同时，近年来国际形势动荡，极端主义、恐怖主义等思想在全球蔓延，严重威胁着新疆的安全。这种形势下，兵团弘扬红色军垦文化，讲好兵团故事，展示先进文化魅力对维护新疆社会稳定和长治久安有着重要的作用。兵团红色文化的传承与发扬有助于增强新疆各民族间的文化交流、文化认同，有助于铸牢中华民族共同体意识、增进各族群众的国家意识和爱国情感，在抵制极端主义和恐怖主义的侵袭方面发挥着巨

[1] 鲍平．如何当好先进文化的示范区？[N]. 兵团日报，2017-08-08.

大作用。

二、兵团红色文化的经济价值

兵团红色文化是推动新疆经济社会发展的力量源泉之一。德国社会学家马克思·韦伯认为，“经济制度、经济发展的实践是基于文化意义上变革的。文化不仅起到了推动某一种特定经济制度出现的作用，同时也为经济发展提供了价值依据”。[1] 兵团红色文化为新疆经济发展提供了力量源泉，为新疆社会主义市场经济的发展注入了强大动力。兵团红色文化产业成为新的经济增长点，随着“红色旅游”热浪的掀起，红色产业逐步实现系统化和规模化的管理，兵团红色文化也开始为经济赋能，增添了经济发展的动力，“文旅融合”也成为新的文化传播方式。红色文化资源中极具代表的革命旧址和英模故事等，既是激励后人积极向上的精神财富，又是红色文化产业发展的重要因素，从资源优势转变为经济优势，体现了兵团红色文化的经济价值。

三、兵团红色文化的文化价值

兵团红色文化是根植中华文化沃土，随时代而生的社会主义先进文化，是中华优秀传统文化的重要组成部分。兵团红色文化坚持马克思主义在意识形态领域的根本指导地位，

[1] 马克斯·韦伯．新教伦理与资本主义精神 [M]. 于晓，陈维纲，译．西安：陕西师范大学出版社，2006.

弘扬社会主义文化主旋律，既能满足兵团干部职工群众日益增长的精神文化追求、引领社会主义核心价值观的建设，又能不断提高国家文化软实力、为社会主义文化建设贡献兵团力量。兵团红色文化中承载的强大精神力量，为干部职工群众建设兵团、艰苦创业提供了积极向上的力量，依据时代背景和具体的实践活动创作出的红色文艺经典也是中华优秀文化宝库的重要内容，对文化的传承与发展更具有研究和史料价值，这也是兵团红色文化价值的重要体现。

四、兵团红色文化的教育价值

兵团红色文化传递的价值理念与我国的社会主义核心价值观相一致。习近平同志在二十大报告中指出，要“广泛践行社会主义核心价值观，弘扬以伟大建党精神为源头的中国共产党人精神谱系”。[1] 兵团精神是兵团红色文化的内核，是中国共产党人精神谱系中的重要内容，其意蕴的“热爱祖国、无私奉献、艰苦创业、开拓进取”的主要内涵和社会主义核心价值观个人层面的价值取向相吻合。“屯垦戍边”是国家曾赋予兵团的职责和使命，兵团的红色文化孕育发展于兵团数十年的屯垦戍边实践，爱国主义情怀是兵团人民最真挚的情感流露。在社会面临转型和发展的过程中，现代人常常会被历史虚无主义、享乐主义等腐朽思想侵蚀，开展兵团红色文

[1] 习近平．高举中国特色社会主义伟大旗帜 为全面建设社会主义现代化国家而团结奋斗——在中国共产党第二十次全国代表大会上的报告 [M]. 北京：人民出版社，2023.

化教育，积极践行社会主义核心价值观能为其提供思想堡垒。在新时代，新疆青少年更要加强兵团红色文化教育，让红色基因融入其骨血中。兵团红色文化因其特殊的历史使命和文化特质，涌现出很多突出爱国主义精神的英雄人物和事迹，它本身就是爱国主义在新疆大地的伟大实践，是建设社会主义核心价值体系的重要因素。

第三章　兵团红色文化的历史考察

第一节　兵团红色文化的生成逻辑

兵团红色文化是兵团人在近 70 年的屯垦戍边实践中形成的独有文化记忆和文化创造，其背后承载的文化力量和文化精神是推动兵团事业稳步发展的动力源泉，它植根于中华民族几千年来的优秀文化传统之中，源自兵团屯垦戍边事业的实践，遵循中国共产党的科学理论的指引，赓续和发展了中国共产党人的红色基因。了解兵团红色文化的起源、发展和演变逻辑，对于深刻认识新时代兵团红色文化的基本内涵，如何传承和弘扬兵团红色文化有着重要的作用。

一、兵团红色文化是对我国历代屯垦文化的继承和发展

新疆自古以来就实行屯垦戍边政策。从西汉开始，历代

封建中央王朝都在西域屯垦戍边，既维护了国家的统一与领土完整，又形成了中华文化史上源远流长的屯垦文化。

公元前105年，西汉派人到乌孙国昡雷（今伊犁河谷）屯田，这是新疆屯垦戍边的开始。公元前60年，西汉统一西域，设立西域都护府统辖西域诸地，并逐渐扩大屯田范围。西汉在西域的屯田，第一次促成了西域的统一，保卫了西北边防，推动了西域社会经济的发展，促进了“丝绸之路”的繁荣。东汉政府继承了西汉在西域的屯垦事业，但由于东汉政府重内轻外，对统一西域消极动摇，屯田事业远不及西汉。从东汉覆没到隋朝统一这三百多年是中国历史上一段分裂割据时期，战乱频繁，但中原地区的封建王朝，尤其是以西北诸地，或河西地区为中心的许多地方政权依然与西域保持着联系，并在西域屯田。隋朝建立后，隋炀帝为了统一西域，于公元608年派薛世雄率军攻克伊吾（今哈密市）。隋朝仅存在三十余年，但其对西域的治理符合中国历史上统一的发展趋势，并为后来唐朝统一西域奠定了基础。唐朝建立后，逐步统一了天山南北，在西域的屯田事业达到了顶峰。公元630年，唐朝政府招抚伊吾，改称伊州，不久即派军到甘露川（今巴里坤哈萨克自治县大河古城遗址）开始屯田和屯牧，公元710年建立伊吾军，有兵三千人。公元640年，设置安西都护府，这是唐朝在碛西地区建立的第一个高级军政管理机构。在唐朝，为解决军粮问题，驻西域的军队，除作战、防守外，按规定都要参加屯田，当时，有军就有屯，即使只有二三人，也“不敢不屯田”，所以，唐朝在西域的屯田分布极其广泛。唐朝对西域的政治统一结束了西域各地混乱割据的局面。元朝时期，西域屯田较以前也有一定的扩大和发展，屯田的组织形式也变得多样化。明朝虽未在西域屯田，实行直接的管辖，但也设立了哈密卫，以松散灵活的方式统治西域，且内地与西域的经济交往十分频繁，规模也较大。清朝建立后，西域的屯垦事业又发展到一个顶峰。清朝从1716年开始在西域屯田，至清朝灭亡，前后经历了196年。从西汉开始到清王朝的结束，经过两千多年的积淀，形成了源远流长的屯垦文化。两千多年的历史证明了屯垦戍边促进了西域各民族的团结与融合，维护了祖国的统一，使得新疆形成了多元的文化格局。

屯垦历史传统为兵团红色文化的形成奠定了历史和文化基础。兵团的屯垦戍边史虽然只有六十多年，但在马克思主义的指导下，在新中国的伟大实践中，兵团的屯垦戍边事业欣欣向荣，超过了历史上任何时期，兵团红色文化在继承传统屯垦戍边历史文化的基础上，始终坚持社会主义先进文化的前进方向。

二、党的先进思想和理论是形成兵团红色文化的科学指引

新疆生产建设兵团的各项事业是在中国共产党的领导下发展的，兵团红色文化的孕育、形成和发展离不开党的先进思想和科学理论的正确指引。

毛泽东同志将兵团的任务归纳为“生产队、工作队和战斗队”；邓小平同志则指出“兵团是稳定新疆的核心”；江泽

民同志要求兵团做好“四个模范”[1]；胡锦涛同志要求兵团处理好“三大关系”，当好“四个队”[2]，更好发挥建设大军、中流砥柱和铜墙铁壁的“三大作用”。[3]

面对百年未有之大变局，兵团将党的先进理论与新疆生产建设兵团的特殊作用、屯垦戍边的新实践相结合，用习近平新时代中国特色社会主义思想滋养兵团红色文化，推进兵团事业的进步。2014 年 4 月，习近平总书记在新疆考察调研时指出：“在新疆组建担负屯垦戍边使命的兵团，是党中央治国安邦的战略布局，是强化边疆治理的重要方略。新形势下，兵团工作只能加强，不能削弱。做好新疆工作，必须把兵团工作摆在重要位置，在事关根本、基础、长远的问题上发力。”[4]2022 年 7 月，习近平总书记在新疆考察调研时强调：“兵团的战略作用不可替代。要加快推进兵团改革，深化兵地融合，打造城乡和谐的田园式家园，充分发挥兵团作为安边固疆稳定器、凝聚各族群众大熔炉、发展先进生产力和先进文化示范区的功能和作用，努力形成新时代兵团维稳戍边新

[1] 四个模范指的是：生产建设的模范、安定团结的模范、民族团结的模范，以及稳定新疆和巩固边防的模范。

[2] “三大关系”：屯垦和戍边、特殊管理体制和市场机制、兵团和地方的关系，“四个队”：生产队、战斗队、工作队、宣传队。

[3] 卢晓峰 . 兵团精神研究 [M]. 北京：人民出版社，2013：2.

[4] 习近平：紧紧依靠各族干部群众共同团结奋斗 建设团结和谐繁荣富裕文明进步安居乐业的社会主义新疆 [N]. 人民日报，2014-05-01（01）.

优势。”[1]

中国共产党历届领导人对于兵团工作的重视和指导，体现了中国共产党在不同历史时期对于屯垦事业的不同认识，体现了中国共产党科学理论与时俱进的特性。同时，中国共产党对传承和弘扬兵团精神的高度重视大大推进了兵团红色文化走出兵团、走出新疆、走向全国、迈向世界的进程，极大地提高了兵团红色文化的影响力、号召力和感召力。

三、兵团屯垦戍边实践是兵团红色文化的形成基础

兵团红色文化并非凭空产生，而是实践的产物，其形成和发展有自己的基础和逻辑。兵团屯垦戍边实践就是兵团红色文化形成与发展的基石。新中国成立初期，国家经济处于恢复建设时期，处在祖国西北边陲的新疆，经济社会发展更是异常艰难。20 世纪 50 年代以前，新疆被西方的探险家称为“中世纪”，这一称号足以让我们想象到当时新疆社会形态滞后、生产力低下的状况。面对落后的生产条件，兵团人听从党和国家的号召，发扬南泥湾精神，自力更生、仗剑扶犁、开荒造田，拉开了新中国屯垦戍边、建设新疆的序幕。

新疆位于中亚腹地，西域地区自古便是中西交汇之所，是古丝绸之路必经之地，战略地位显赫，既是中国面向中亚、欧洲的窗口，又是欧洲往来中国的重要通道，因其特殊的地

---

[1] 习近平：完整准确贯彻新时代党的治疆方略 建设团结和谐繁荣富裕文明进步安居乐业生态良好的美好新疆 [N]. 人民日报，2022-07-16（01）.

理位置，地缘政治斗争长期存在，战略安全环境十分严峻；同时，新疆也是中国少数民族聚居密集的地区，文化差异明显。这些问题为兵团事业的发展带来了巨大的挑战。面对纷繁复杂的人文环境，兵团人牢记宗旨、为民服务，发挥示范作用，带动新疆发展；面对赖以生存和发展的恶劣自然环境给出的巨大考验，兵团人不惧艰险、迎难而上，开创了“沙漠变绿洲，戈壁变良田”的世界奇迹；面对特殊的战略安全环境，兵团人满腔热忱、保家卫国，维护边疆社会稳定与国家安全。兵团人在不断开拓屯垦戍边事业的过程中，形成了具有强大凝聚力和向心力的兵团红色文化。

四、中华优秀传统文化为兵团红色文化提供丰厚滋养

中华民族是世界上最伟大的民族，有着五千多年源远流长的历史。中华民族在漫长的历史长河中创造的世界上独树一帜的中华文化，是中国的宝贵财富，亦是人类文明的宝贵财富。兵团红色文化作为中华文化的重要组成部分，深深植根于中华民族优秀传统文化的土壤，受到中华民族优秀传统文化的哺育，是对优秀传统文化的创造性转化和创新性发展。

赤胆忠心的爱国情怀。中国人民历来抱有家国情怀，爱国主义是流淌在中华民族血液里的基因，是中华民族最深厚、最持久的情感。自古以来，中华民族就有着深厚的爱国主义传统，古有诸葛亮鞠躬尽瘁，有屈原负石投江，有岳飞精忠报国，有林则徐祸福不避；近现代有热血沃华的赵一曼，当代有只为中国的陈祥榕……无数兵团人正是继承了中华民族的爱国主义精神，怀揣着“到边疆去，到祖国最需要的地方

去”的豪情，满怀着“为祖国放哨”的骄傲，从繁华的城镇落户到荒凉的戈壁，[1]为边疆稳定、国家安宁不懈奋斗，在屯垦戍边的实践中继承、弘扬爱国主义传统，创造出以“热爱祖国”为核心的、独具特色的兵团精神。

敢于付出的仁爱品质。至圣孔子曾说：“仁者，人也，亲亲为大。”[2]仁，就是爱人；庄子说：“爱人利物之谓仁。”[3]对他人友爱、有利万物繁昌就是仁；孟子说“老吾老以及人之老，幼吾幼以及人之幼。”[4]中华民族的仁爱从爱家人到爱他人，是对天下众生、对中国人民的爱。兵团人建设边疆、发展边疆的过程中，继承中华民族的仁爱思想，为新疆各族人民做好事，形成了以“无私奉献”为主要内容的兵团精神。

自强不息的进取精神。“天行健，君子以自强不息。”[5]君子应不懈地努力，自强不息、奋斗不止，这才是君子之道。这种进取精神贯穿着中国历史的始终，体现在我国社会生活的方方面面。古有蒙恬北击匈奴，有张骞出使西域，有郑和七下西洋；新中国成立 70 多年来，我们打破国际社会封锁，在艰难曲折中披荆斩棘，探索国家建设，如今我们已经进入中国特色社会主义新时代，正朝着第二个百年目标奋进。几千年来，中华民族不惧苦难、自强不息的进取精神鼓舞着广大兵团人迎难而上、知难而进，在发展兵团事业的过程中创

[1] 王崇久，黄宏等．兵团精神 [M]. 北京：人民出版社，2008：35.
[2] 引自《礼记·中庸》.
[3] 引自《庄子·天地》.
[4] 引自《孟子·梁惠王上》.
[5] 引自《周易·乾卦》.

造出以“艰苦创业”为主要内容的兵团精神。

敢于突破的创新精神。“穷则变，变则通，通则久。”[1] 事物发展到了一定阶段，就要进行改变；进行改变，才会使事物的发展不受阻塞，才能不断发展。“世异则事异，事异则备变”[2]，时代变了，所遇到的问题就不一样了；面临的问题既已变化，与之相适应的措施也要改变。一万多年前，随着时间的演变，动物种群逐步减少，我们的祖先已经难以捕食到充足的哺乳动物，他们转变原始的狩猎、采集生活方式，开始定居生活，驯化了野生水稻，使中国成为世界主要农作物的起源中心之一。战国时期，商鞅变法求新，为秦国统一六国奠定了坚实的基础。改革开放以来，我们不断推陈出新，“嫦娥”探月、“蛟龙”潜海、“天眼”瞭望宇宙银河……中华民族几千年来的创新思想和创新文化培育了中华民族的创新精神，同时也影响了军垦战士。他们继承中华民族与时俱进的优秀文化，在兵团干事创业的实践中磨炼出“开拓进取”的兵团精神。

五、兵团红色文化赓续和发展了中国共产党人的红色基因

中国共产党领导中国人民在新民主主义革命、社会主义革命和建设以及改革开放各个历史时期形成的以红船精神、井冈山精神、长征精神、延安精神等为代表的革命精神传统，

---

[1] 引自《周易·系辞下》.

[2] 引自《韩非子·五蠹》.

为国家和民族事业的发展提供精神动力，也为兵团精神的产生和发展提供了精神养分。

广大兵团人以红船精神为指引，敢为人先，探索兵团发展道路；广大兵团人以井冈山精神为统领，艰苦创业，开创兵团军垦事业；广大兵团人以长征精神为支撑，百折不挠，推动兵团事业进步；广大兵团人以延安精神为遵循，为民服务，发展兵团戍边事业……中国共产党人的红色革命精神为兵团事业奠定了坚实的精神根基，兵团精神与王震将军率领的三五九旅在延安时期用“一把镢头一支枪，生产自给保卫党中央”，创造的“自力更生、艰苦奋斗”的南泥湾精神有着血脉上、组织上、实践上、作风上直接的传承关系。[1]

[1] 卢晓峰．兵团精神研究 [M]. 北京：人民出版社，2013：77.

第二节　兵团红色文化形成的历史进程

“人们自己创造自己的历史，但是他们不是随心所欲地创造，并不是在他们自己选定的条件下创造，而是在直接碰到的、既定的、从过去承继下来的条件下创造。”[1]兵团红色文化不是抽象的概念，其内涵是通过具体历史表现出来的。应从历史的角度理解和把握。兵团红色文化形成的历史进程伴随着兵团事业的发展过程，概括起来，兵团红色文化经历了开端、形成到发展三个历史阶段。

一、兵团红色文化的开端

1949年9月25日至9月26日，原国民党驻疆部队与省政府在新疆警备总司令陶峙岳和新疆省政府主席包尔汉的带领下宣布起义，新疆和平解放，后来这支部队整编为人民解放军第二十二兵团。同年10月10日，王震将军带领中国人民解放军第一野战军一兵团的二、六军大部进军新疆。人民

[1] 马克思恩格斯选集，第1卷[M].北京：人民出版社，2012：669.

解放军进疆后新疆“三区”民族革命军的部队改编为中国人民解放军第五军，由中国人民解放军新疆军区管理。驻疆人民解放军将红色基因深深根植于新疆这片热土，在全面接管新疆布防的同时，担起了生产建设的大任。新疆刚刚解放时经济社会发展可谓是“一穷二白”，为了解决人民军队在新疆持续生存下去的难题，王震将军带领官兵们投入到了轰轰烈烈的大生产、大建设运动之中，新疆的农业、商业、工业、交通运输等各方面发展都取得了较大的突破。为了进一步巩固西北国防、加快新疆的发展，1954 年 7 月 15 日，新疆军区向西北军区及军委总参谋部提出了成立新疆军区生产建设兵团的请示，同年 8 月 6 日得到批复，新疆军区生产建设兵团于同年 10 月 7 日正式成立。兵团红色文化伴随着兵团事业的发展而孕育形成，兵团事业的奠基阶段，便是兵团红色文化的开端。

二、兵团红色文化的形成

从兵团成立到“文革”前期，是兵团红色文化的形成期。1954 年 10 月兵团成立后，兵团抓住机遇加快发展，同时在发展的基础上，巩固国防，维护稳定。1962 年“伊塔事件”爆发后，中央紧急召见了兵团副政委张仲瀚，指示新疆兵团要承担维护治安，劝阻边民外逃的任务。[1] 收到中央的指令，兵团迅速组织了 1.7 万多名干部、职工奔赴事发地区，顺利

[1] 李福生，方英楷．新疆兵团屯垦戍边史 [M]. 乌鲁木齐：新疆科技卫生出版社，1997：711.

完成了中央交予的“代耕、代管、代牧”任务，充分发挥维稳戍边作用，为国家分忧，为新疆解难。“伊塔事件”发生后，党和国家认识到兵团在维护新疆社会稳定和国家安全方面发挥的重要作用，大力发展新疆兵团，号召五湖四海的12万余支边青年来到兵团建设边疆，同期8万余人的复员转业军人来到兵团参与开发建设，兵团迎来了大发展时期。截止到1966年底，兵团总人口达148.54万人，职工80.86万人；农牧团场158个，工业企业297个；耕地面积80.86万公顷，国内生产总值6.29亿元，综合经营利润1.129亿元。兵团人口占新疆维吾尔自治区的16.39%，工农业生产总值占自治区的24.38%，其中工业总产值占自治区的38.57%。

兵团在加快发展、巩固国防的同时，大力发展文化事业。兵团成立后，为了丰富部队中的娱乐生活，鼓舞战士们的士气，增添生产建设的精神力量，各部队开启了“五兵活动”，即“兵写兵、兵演兵、兵唱兵、兵舞兵和兵画兵”活动。在文学创作、表演、歌唱、舞蹈、绘画等方面打开了兵团文化事业发展的窗口。在此时期，兵团塑造和宣传了自身文化，文艺事业得到进一步发展，为了推动“五兵活动”持续深入开展，1955年后，兵团又颁布了《生产建设兵团团俱乐部工作细则》《团场业余演出队工作条例》等文件，对进一步开展兵团文艺活动作出指示和指导，同时在团场和连队也先后组建了俱乐部、业余演出队，修建了文化娱乐场所，为文化活动的正常开展提供物质保障，直至“文革”前，兵团的群众文化活动普遍得到开展，兵团红色文化也随着兵团事业的发展，随着兵团文艺事业的发展而形成。

三、兵团红色文化的发展

1981年兵团体制恢复后，兵团迎来了事业的大发展时期，也是兵团红色文化的大发展时期。随着改革开放的潮流，兵团持续深化改革，不断塑造维稳戍边新优势。尤其是进入到九十年代，东欧剧变，苏联解体，国际形势发生了重大变化，国际民族问题、宗教问题日益突出，受到国际形势变化的影响，民族分裂主义势力活动呈现出升级态势，新疆反分裂斗争进入一个比较尖锐的时期。在此背景之下，兵团的作用不断地凸显，兵团自觉履行职责，在巩固祖国边防、加强民族团结，反对民族分裂、维护祖国统一和社会稳定中发挥了重要作用，做出了新的贡献。

兵团持续对外开放，吸收优秀发展经验，结合自身实际，发展自身文化，兵团职工群众的文化娱乐活动也不断向纵深推进。1978年，党的十一届三中全会召开后，中国进入了从以“阶级斗争为纲”向“以经济建设为中心”的社会转型、文化反思和重构的历史新时期。经过思想解放、拨乱反正，兵团文艺进入到了一个创新发展的新阶段。广大的文艺工作者积极投身到改革开放之中，以充分释放的创造活力，昂扬的精神状态，出色的艺术劳动弘扬主旋律，热情歌颂兵团人屯垦戍边、建设新型团场、开创中国特色社会主义新局面的伟大实践，向兵团广大干部、职工、群众奉献出最好的精神食粮。几十年来，兵团文学艺术家创作的小说、诗歌、戏剧、报告文学、音乐舞蹈、摄影、美术、书法、影视等各个门类的艺术作品数量之多，形式、风格流派之多样，兵团文艺事业得到了迅速恢复和发展，兵团文艺队伍也迅速发展和壮大。兵团红色文化在弘扬兵团精神、发扬先进文化、塑造兵团人形象、鼓舞兵团人士气、提升兵团“软实力”和兵团文化竞争力等方面发挥了重要作用。

第三节　中国共产党关于兵团屯垦思想的历史考察

思想是社会变革的先导。自兵团建立起，党和国家便格外地关心与重视兵团的发展情况。经过近 70 年的时光变迁，党和国家主要领导人始终将兵团的发展放在重要位置，并顺应时代潮流持续更新发展理念，用先进的思想指引着兵团事业不断前进。

一、毛泽东关于屯垦戍边的重要论述

新中国成立后，中国共产党人领导人民战胜了政治、经济、军事等方面一系列严峻挑战，以毛泽东同志为主要代表的中国共产党人结合新的实际丰富和发展毛泽东思想，提出关于社会主义建设的一系列重要思想。[1] 在毛泽东思想的指引下，新疆军区生产建设兵团顺利组建，兵团为新疆的经济发展和社会稳定方面作出了巨大努力，取得了重大成绩。

[1] 人民出版社编．中共中央关于党的百年奋斗重大成就和历史经验的决议 [M]. 北京：人民出版社，2021.

1949年9月19日，毛泽东致信彭德怀，信中对人民解放军进军新疆的时间、物资、人员、运输、翻译等细节问题作了详细部署，次月，中国人民解放军进疆工作拉开序幕。中国人民解放军进疆后，面对新疆自然条件恶劣、经济无法自足的形势，党中央发布了《新疆军区关于全体军人一律参加劳动生产的命令》[1]，当时除了有特殊任务的军人，驻疆人民解放军的大部分战士都投入到轰轰烈烈的大生产运动中。经半年的努力，进疆人民解放军已基本实现经济自给自足，为进一步发展兵团事业奠定了物质基础。1951年12月7日，在毛泽东思想的指引下，王震将军带领的驻疆部队开始兴办集体农庄，驻疆人民解放军本着让利于民的原则，将开垦的部分土地、兴修的部分水利和房屋等让给当地农民，加深了与当地人民的融合，促进了当地的经济发展。[2]1952年2月1日，中央军委发布了《关于部队集体专业的命令》，毛泽东同志指出“你们现在可以把战斗的武器保存起来，拿起生产建设的武器，当祖国有事需要召唤你们的时候，我将命令你们重新拿起战斗的武器，捍卫祖国。”[3]兵团人自始至终都在

[1] 中共中央文献研究室，中共新疆生产建设兵团委员会编．新疆生产建设兵团工作文献选编[M]．北京：中央文献出版社，2014：27.

[2] 中共中央文献研究室，中共新疆生产建设兵团委员会编．新疆生产建设兵团工作文献选编[M]．北京：中央文献出版社，2014：32.

[3] 中共中央文献研究室，中共新疆生产建设兵团委员会编．新疆生产建设兵团工作文献选编[M]．北京：中央文献出版社，2014：44.

践行这条命令，永不换防。1954 年 10 月 7 日，新疆军区公布了《成立生产建设兵团的命令》，命令中指出，新疆军区生产管理部与二十二兵团合并，组成新疆军区生产建设兵团，指派王震代司令员，王恩茂代政治委员，张希钦为参谋长，自此，新疆军区生产建设兵团正式成立。[1]

二、邓小平关于屯垦戍边的重要论述

党的十一届三中全会以后，以邓小平同志为主要代表的中国共产党人围绕什么是社会主义、怎样建设社会主义这一根本问题，借鉴世界社会主义历史经验，创立了邓小平理论，成功开创了中国特色社会主义。[2]

以邓小平同志为主要代表的中国共产党人依据当时世情、国情、党情发生的重大变化，深入开展调研，最终作出了恢复新疆生产建设兵团的决定，及时恢复了兵团建制，纠正了对兵团的一些偏见，在继承原有兵团事业的基础上注入了更多开放化和市场化的新元素，兵团的事业不断发展壮大。

一是加强干部队伍建设。1981 年 8 月 16 日，邓小平同志来到新疆考察工作时指出，“干部问题具有极端重要性。”“对思想作风正派，坚决维护祖国统一和民族团结，又有突出工作表现和一定资历的同志要大胆提拔上来，甚至放到很高的

[1] 中共中央文献研究室，中共新疆生产建设兵团委员会编 . 新疆生产建设兵团工作文献选编 [M]. 北京：中央文献出版社，2014：50.

[2] 人民出版社编 . 中共中央关于党的百年奋斗重大成就和历史经验的决议 [M]. 北京：人民出版社，2021.

领导位置上”[1]；同年 10 月 23 日，邓小平同志同新疆维吾尔自治区党委第一书记王恩茂同志谈话时强调：“要选拔培养中青年干部，要在实际工作中了解、认识符合中央提出的干部条件的中青年干部，把他们提拔起来。”[2] 二是恢复了新疆生产建设兵团。1981 年 7 月 1 日，邓小平同志对王震建议恢复新疆生产建设兵团的来信作出了批示；1981 年 12 月 3 日，中共中央、国务院、中央军委联合下发了《关于恢复新疆生产建设兵团的决定》，决定中肯定了兵团对发展新疆的经济、文化、防霸权主义侵略，保卫祖国边疆等具有的重要意义，同时指出了兵团工作未来的发展方向。[3]

三、江泽民关于屯垦戍边的重要论述

党的十三届四中全会以后，以江泽民同志为主要代表的中国共产党人，团结带领全党全国各族人民，坚持党的基本理论、基本路线，加深了对什么是社会主义、怎样建设社会主义和建设什么样的党、怎样建设党的认识，形成了“三个

[1] 中共中央文献研究室，中共新疆生产建设兵团委员会编 . 新疆生产建设兵团工作文献选编 [M]. 北京：中央文献出版社，2014：136.

[2] 中共中央文献研究室，中共新疆生产建设兵团委员会编 . 新疆生产建设兵团工作文献选编 [M]. 北京：中央文献出版社，2014：137.

[3] 中共中央文献研究室，中共新疆生产建设兵团委员会编 . 新疆生产建设兵团工作文献选编 [M]. 北京：中央文献出版社，2014：143.

代表”重要思想，成功把中国特色社会主义推向二十一世纪。[1] 在以江泽民同志为主要代表的中国共产党人的领导下，在“三个代表”重要思想的指引下，兵团的维稳成边能力不断提升，兵团事业的发展也取得了长足进步。

随着苏联解体，东欧剧变，以美国为主要代表的西方敌对势力企图将中国作为“和平演变”的对象，我国西北国防压力急剧上升、意识形态领域阵地争夺愈发激烈。在国内国外形势的急剧变化下，兵团的作用也在不断凸显。1990 年 3 月 13 日国务院下发了《国务院关于调整新疆生产建设兵团计划管理体制和有关问题的通知》，批准新疆生产建设兵团的国民经济和社会发展计划按行业纳入国务院有关部门计划，实行单列。[2] 江泽民同志指出，“组建生产建设兵团进行屯垦成边具有战略意义，是完全正确的”。[3] 1994 年 8 月 12 日，原国家计划委员会下发了《国家计划委员会关于继续贯彻国务院决定，进一步理顺和完善新疆生产建设兵团计划单列体制的通知》，要求国务院各经济综合部门和各行业主管部门，都要按国务院文件精神，把新疆生产建设兵团的改革、发展和稳定的问题列入本部门的工作议程，作为一个单独的、特殊的问题来对待，在计划和政策上尽力予以支持。自 21 世纪 90 年代起，新疆“三股势力”横行，爆发了一系列暴力恐怖

[1] 人民出版社编．中共中央关于党的百年奋斗重大成就和历史经验的决议 [M]. 北京：人民出版社，2021.

[2] 中共中央文献研究室，中共新疆生产建设兵团委员会编．新疆生产建设兵团工作文献选编 [M]. 北京：中央文献出版社，2014：176.

[3] 1990 年 8 月 22 日，江泽民同志视察新疆工作时的讲话．

事件，严重影响了新疆社会稳定和国家安全。1997 年 5 月 20 江泽民同志在中央财经领导小组会议上指出："实行屯垦戍边是中央治国安邦的战略性决策"。[1] 同年 10 月 10 日中共中央、国务院下发了《中共中央、国务院关于进一步加强新疆生产建设兵团工作的通知》，要求兵团自行管理内部的行政、司法事务，并且兵团内部设立法院、检察院、公安、国家安全、司法、监狱等政法机构，要进一步加强兵团干部管理工作，充实兵团力量、加强队伍建设，要加快兵团改革和发展的步伐[2]。1998 年 7 月 9 日，江泽民同志在听取兵团工作报告后作出讲话，指出"把兵团屯垦戍边工作放到边疆历史长河中、放到当前国际国内形势发展变化中、放到新疆稳定和发展大局中加以观察，其深远意义可以看得更加清楚。"[3]2000 年 10 月 11 日，江泽民同志在中共十五届五中全会闭幕后的讲话中谈到了关于新疆维护稳定和反分裂斗争形势、关于新疆的历史和宗教、关于做好新疆反分裂和维护稳定工作三个方面的问题。[4] 对兵团未来工作的开展指明了方向。

---

[1] 中共中央文献研究室，中共新疆生产建设兵团委员会编．新疆生产建设兵团工作文献选编 [M]. 北京：中央文献出版社，2014：196.

[2] 中共中央文献研究室，中共新疆生产建设兵团委员会编．新疆生产建设兵团工作文献选编 [M]. 北京：中央文献出版社，2014：199.

[3] 1998 年 7 月江泽民同志听取新疆生产建设兵团工作汇报时的讲话．

[4] 中共中央文献研究室，中共新疆生产建设兵团委员会编．新疆生产建设兵团工作文献选编 [M]. 北京：中央文献出版社，2014：216.

在以江泽民同志为主要代表的中国共产党人的领导下，在“三个代表”重要思想的引领下，兵团的地位不断提高，组织优势和戍边能力持续凸显，对维护祖国统一和国家安全作出了巨大贡献。

四、胡锦涛关于屯垦戍边的重要论述

党的十六大以后，以胡锦涛同志为主要代表的中国共产党人，团结带领全党全国各族人民，在全面建设小康社会进程中推进实践创新、理论创新、制度创新，深刻认识和回答了新形势下实现什么样的发展、怎样发展等重大问题，形成了科学发展观。[1] 在科学发展观的指引下，兵团找准了社会发展的客观规律，稳步推进兵团事业持续向前发展。

一是加强兵团人才队伍建设。2003 年 10 月 9 日，中共中央、国务院下发了《关于进一步加强新疆干部与人才队伍建设的意见》，其中提到要把兵团干部与人才队伍建设纳入新疆整体工作规划中，充分发挥兵团在新疆稳定和发展中的重要作用。[2] 二是推动对口援疆工作，为兵团事业的发展提供了援助力量。2005 年 4 月 18 日，中共中央办公厅、国务院办公厅下发了《中共中央办公厅、国务院办公厅关于确立有关省市、企业与新疆维吾尔自治区南疆四地州和新疆生产建设

[1] 人民出版社编．中共中央关于党的百年奋斗重大成就和历史经验的决议 [M]. 北京：人民出版社，2021.

[2] 中共中央文献研究室，中共新疆生产建设兵团委员会编．新疆生产建设兵团工作文献选编 [M]. 北京：中央文献出版社，2014：248.

兵团在南疆三个师对口支援关系的通知》，由多家国有重要骨干企业承担对口支援任务，例如，中国建筑工程总公司援助农十四师，中国大唐集团公司援助农三师，中国国电集团公司援助库车县，中国海运（集团）总公司援助柯坪县，兵团在对口援疆政策的支持下得到了进一步的发展。[1] 三是提出处理好新时期兵团事业发展面临的“三大关系”问题。2006年胡锦涛同志来到新疆考察工作时发表讲话，要求兵团同志要认清形势、牢记使命，有效处理“屯垦与戍边”“特殊管理体制和市场机制”“兵团和地方”三大关系。[2] 四是加快兵团经济社会的发展脚步。2007年9月28日，国务院下发《国务院关于进一步促进新疆经济社会发展的若干意见》，意见第十部分指出兵团要通过加快产业结构优化升级、支持基础性设施和公益性事业的建设、加强兵团基础能力建设三个方面进一步壮大兵团经济实力，发挥兵团特殊作用。[3]

五、习近平总书记关于维稳戍边的重要论述

党的十八大以来，中国特色社会主义进入新时代，兵团和全国一道踏上了全面建设社会主义现代化国家的新征程。

---

[1] 中共中央文献研究室，中共新疆生产建设兵团委员会编．新疆生产建设兵团工作文献选编 [M]. 北京：中央文献出版社，2014：264.

[2] 2006年9月11日胡锦涛同志视察新疆工作时的讲话．

[3] 中共中央文献研究室，中共新疆生产建设兵团委员会编．新疆生产建设兵团工作文献选编 [M]. 北京：中央文献出版社，2014：285.

新时代，以习近平同志为主要代表的中国共产党人，坚持把马克思主义基本原理同中国具体实际相结合、同中华优秀传统文化相结合，坚持毛泽东思想、邓小平理论、“三个代表”重要思想、科学发展观，深刻总结并充分运用党成立以来的历史经验，从新的实际出发，创立了习近平新时代中国特色社会主义思想。[1] 在习近平新时代中国特色社会主义思想的指引下，兵团地位和作用得到进一步巩固。

一是充分肯定了兵团事业在新时代国家治理新疆的重要性。中国特色社会主义进入新时代，中华14亿多儿女为追求实现中华民族伟大复兴的中国梦而不懈奋斗，中国特色社会主义制度的优势不断凸显。为了遏制中国的发展，西方敌对势力采取一系列手段对中国进行打压。其中，将新疆作为“西化”“分化”对象是他们的惯用思路，甚至公然支持“三股势力”在新疆从事暴力恐怖活动，党中央对新疆所处形势作出了“三期叠加”的重大判断[2]。兵团在新时代的维稳戍边优势不断凸显，党中央要求兵团在新疆更好发挥特殊作用，并高度肯定兵团屯垦戍边在国家治理新疆中的作用。2014年4月习近平总书记在视察新疆时就指出：“在新疆组建担负屯垦戍边使命的兵团，是党中央治国安邦的战略布局，是强化

---

[1] 人民出版社编．中共中央关于党的百年奋斗重大成就和历史经验的决议[M]. 北京：人民出版社，2021.

[2] “三期叠加”指：暴力恐怖活动活跃期、反分裂斗争激烈期、干预治疗阵痛期．

边疆治理的重要方略。”[1]2014 年 5 月中央召开了第二次中央新疆工作座谈会，对新形势下新疆工作作出了新的全面部署，会议中指出在推进新疆社会稳定和长治久安的进程中，兵团的地位更加重要、责任更加重大、使命更加光荣，同时指出兵团工作要紧紧围绕新疆社会稳定和长治久安总目标服务，要扭住发挥维稳戍边特殊作用的关键，有效发挥“三大功能”和“四大作用”。[2]2014 年中共中央、国务院、中央军委致兵团成立 60 周年的贺信中则指出：“在推进新疆社会稳定和长治久安的进程中，兵团地位更加重要、责任更加重大、使命更加光荣。”[3]2022 年 7 月，习近平同志再次来到新疆兵团考察时指出“兵团的战略作用不可替代。要加快推进兵团改革，深化兵地融合，打造城乡和谐的田园式家园，充分发挥兵团作为安边固疆稳定器、凝聚各族群众大熔炉、发展先进生产力和先进文化示范区的功能和作用，努力形成新时代兵团维稳戍边新优势”。[4]

二是持续推动兵团深化改革，不断塑造维稳戍边新优势。

[1] 习近平：紧紧依靠各族干部群众共同团结奋斗 建设团结和谐繁荣富裕文明进步安居乐业的社会主义新疆 [N]. 人民日报，2014-05-01（01）.

[2] 习近平：坚持依法治疆团结稳疆长期建疆 团结各族人民建设社会主义新疆 [N]. 人民日报，2014-05-30（01）.

[3] 中共中央文献研究室，中共新疆生产建设兵团委员会编 . 新疆生产建设兵团工作文献选编 [M]. 北京：中央文献出版社，2014：340.

[4] 习近平：完整准确贯彻新时代党的治疆方略 建设团结和谐繁荣富裕文明进步安居乐业生态良好的美好新疆 [N]. 人民日报，2022-07-16（01）.

进入新时代，以习近平同志为核心的党中央持续推进国家治理体系和治理能力现代化。兵团的存在和发展是国家治理新疆的重要方略之一，全面深化改革是兵团塑造内生动力、提升维稳戍边能力的重要方面。2014 年 4 月习近平总书记在兵团视察时指出，要“全面深化兵团改革”。[1] 习近平总书记在第二次中央新疆工作座谈会上更明确地提出：“在新的历史时期，必须深入研究兵团发展面临的体制机制制约和突出困难，加强顶层设计和法制建设，全面深化改革，支持兵团发展壮大”。“要适应发展社会主义市场经济的要求，深化兵团内部改革，完善治理结构，提高治理水平。”[2] 为落实习近平总书记和第二次中央新疆工作座谈会的要求，2017 年中共中央、国务院颁发了相关意见和规定对兵团改革做出顶层设计，指导兵团进行全面深化改革，以从根本上增强兵团的活力，促进兵团快速发展，积蓄强大的综合实力为党中央的治疆需要服务。在第三次中央新疆工作座谈会中，习近平总书记对兵团工作作出指示，要求兵团持续深化改革，加强维稳能力建设，不断增强兵团的组织优势和动员能力，更好发挥特殊作用。[3]2022 年 7 月习近平总书记在新疆、兵团视察工作时强

[1] 习近平：紧紧依靠各族干部群众共同团结奋斗 建设团结和谐繁荣富裕文明进步安居乐业的社会主义新疆 [N]. 人民日报，2014-05-01（01）.

[2] 习近平：坚持依法治疆团结稳疆长期建疆 团结各族人民建设社会主义新疆 [N]. 人民日报，2014-05-30（01）.

[3] 习近平：坚持依法治疆团结稳疆文化润疆富民兴疆长期建疆 努力建设新时代中国特色社会主义新疆 [N]. 人民日报，2020-09-27（01）.

调，“要加快推进兵团改革”。[1]

三是着力推进兵地融合发展。兵团屯垦在全疆各地，是新疆的重要组成部分。处理好兵地关系，实现融合发展，是兵团屯垦戍边事业健康发展的需要，也是更好发挥兵团特殊作用的需要。习近平总书记在第二次中央新疆工作座谈会指出，要牢固树立兵地“一盘棋”思想，从国家战略和新疆大局出发，处理好兵地关系，实现与地方利益共同体、感情相连，推动兵地融合发展；经济是催化剂，要探索兵地产城融合、园区共建、相互参股、以团带乡等新模式，尤其在重大基础设施、公共服务体系建设方面，要同步规划、同步建设、同步受益。[2] 习近平总书记在第三次中央新疆工作座谈会再次强调，要“促进兵地融合发展”。[3]2022 年 7 月习近平总书记来新疆考察时指出：“要坚持兵地一盘棋，重大基础设施同步建设，全面推进兵地经济、社会、文化、生态文明建设和民族团结进步、干部人才等方面的融合发展，实施设施共建、资源共享、深度嵌入、优势互补。”[4]

[1] 习近平：完整准确贯彻新时代党的治疆方略 建设团结和谐繁荣富裕文明进步安居乐业生态良好的美好新疆 [N]. 人民日报，2022-07-16（01）.

[2] 习近平：坚持依法治疆团结稳疆长期建疆 团结各族人民建设社会主义新疆 [N]. 人民日报，2014-05-30（01）.

[3] 习近平：坚持依法治疆团结稳疆文化润疆富民兴疆长期建疆 努力建设新时代中国特色社会主义新疆 [N]. 人民日报，2020-09-27（01）.

[4] 习近平：完整准确贯彻新时代党的治疆方略 建设团结和谐繁荣富裕文明进步安居乐业生态良好的美好新疆 [N]. 人民日报，2022-07-16（01）.

四是明确了要弘扬兵团红色精神。人无精神则不立，国无精神则不强。进入新时代，国家的经济、文化迅速腾飞，但新疆深居内陆，生活水平与内地和沿海地区相比仍有较大差距，在新疆坚持屯垦戍边实践需要强大精神力量的支撑，以此凝聚更多的新时代青年加入屯垦戍边实践队伍中，为新疆的社会稳定和长治久安作出贡献。兵团人在近七十年的屯垦戍边实践中形成的兵团精神、胡杨精神、老兵精神，具有强烈的感召力和凝聚力，是激励更多的人参与到屯垦戍边事业中来的精神动力。

2013 年 12 月 7 日习近平总书记在给四十七团老兵的回信中指出，要“以老兵精神激励更多年轻人为祖国边疆的长治久安和繁荣发展作出贡献”。[1]2014 年 4 月 29 日习近平总书记在兵团视察工作时接见了来自山西吕梁的援疆干部马小军，并勉励他“今后把兵团精神和吕梁精神结合起来发扬光大，为建设新疆贡献力量”。[2]2020 年 9 月习近平总书记在第三次中央新疆工作座谈会中明确指出：“要弘扬民族精神和时代精神，践行胡杨精神和兵团精神，激励各级干部在新时代扎根边疆、奉献边疆。”[3]2022 年 7 月习近平总书记在新疆兵

[1] 中共中央文献研究室，中共新疆生产建设兵团委员会编．新疆生产建设兵团工作文献选编 [M]. 北京：中央文献出版社，2014：328.

[2] 刘乐礼，邓昌豫．仁立在西部大地的精神丰碑 [N]. 光明日报，2020-12-30（06）.

[3] 习近平：坚持依法治疆团结稳疆文化润疆富民兴疆长期建疆 努力建设新时代中国特色社会主义新疆 [N]. 人民日报，2020-09-27（01）.

团考察工作时强调："兵团人铸就的热爱祖国、无私奉献、艰苦创业、开拓进取的兵团精神，是中国共产党人精神谱系的重要组成部分，要用好这些宝贵财富。"[1]

[1] 习近平：完整准确贯彻新时代党的治疆方略 建设团结和谐繁荣富裕文明进步安居乐业生态良好的美好新疆 [N]. 人民日报，2022-07-16（01）.

第四章　兵团红色文化的形态

恩格斯曾指出，“文化上的每一个进步，都是迈向自由的一步。”[1] 深度洞悉红色文化的逻辑、层次、结构是精准理解和把握红色文化科学内涵的必要手段。从红色文化的形态来看，学术界常见分类方式是将其分为物质形态的红色文化和精神形态的红色文化，但是在具体分类过程中经常会出现一些模糊分类的情况，比如红色歌曲、红色舞蹈、红色文学作品等红色文艺作品既可以归为物质红色文化，又可以划归为精神文化。因此，本章采用三分法，将兵团红色文化的形态划分为物质形态的红色文化、精神形态的红色文化和红色文艺作品三类，并将其内容进行整理、归纳。

---

[1] 马克思恩格斯文集，第 9 卷 [M]. 北京：人民出版社，2009：120.

第一节　物质形态的兵团红色文化资源

学术界通常认为物态红色文化资源主要指中国共产党在历史实践中所留存下来的各种实体，如博物馆、纪念馆、遗址遗迹及各类文物等。兵团物质形态的红色文化资源数量众多，遍及兵团十四个师市。总体概括物质形态的兵团红色文化资源的特点为：资源丰富，分布广泛。

一、兵团红色遗址遗迹、红色文物等物质形态资源

2021 年 3 月 25 日兵团文物局公布了兵团第一批革命文物名录，包括兵团各级文物保护单位 99 处，馆藏文物 10078 件。结合兵团第一批革命文物名录的公布情况和笔者的实际调研情况，得出目前兵团下辖的大部分师市都有革命遗址遗迹或文物，其中第一师阿拉尔市、第八师石河子市、第六师五家渠市拥有的红色遗址遗迹和文物的数量较多，内容较丰富，其中一师五团的玉尔滚军垦旧址（十一师代管）、八师石河子市的石河子军垦旧址、八师一四七团小李庄军垦旧址被列为全国重点文物保护单位，并且小李庄军垦遗址群是目前全国唯一保存完好的一处苏俄农庄式兵团师部建筑群。兵团

辖区丰富的物态红色文化资源再现了兵团人开发建设新疆时的条件和状态，成为当代兵团人了解兵团发展史的重要文化资料，激发新时代兵团人以更加昂扬的斗争投入到当代兵团事业中，具有更高意义的史料价值。

表 4-1-1 为兵团不可移动文物名称（不完全统计）。

表 4-1-1

师（市）名称	不可移动文物名称
第一师阿拉尔市	**全国重点文物保护单位：** 玉尔滚军垦旧址 **兵团级文物保护单位：** 第一师阿拉尔市水利水电工程处老办公楼、第一师阿拉尔市青松建化总厂胜利水电站、第一师阿拉尔市塔河种业公司精细化工厂旧址、塔里木大学旧建筑群、第一师一团老银行、第一师一团老邮局、第一师二团水泥厂煤矿、第一师三团老办公室、第一师四团老龙口、第一师六团修理连修理厂、第一师七团老粮仓、第一师八团六连库房、第一师八团四支渠大桥、第一师十团十二连俱乐部旧址、第一师十三团八连俱乐部旧址、第一师十二团十四连扬水站、第一师十六团一营营部旧址 **师市级文物保护单位：** 一团二十连老门牌坊、四团托木尔峰酒厂、五团老龙口、五团胜利三渠第一拱桥、六团八连老俱乐部、七团十三连老水井、十团六连老俱乐部、大治渡槽、塔水处胜利水库、十三团四连老水井、十四团团部文化中心、十四团老医院手术室、塔水处上游水库 **一般不可移动文物：** 十六团塔河处拦水闸

续表

师（市）名称	不可移动文物名称
第三师 图木舒克市	**兵团级文物保护单位：** 第三师五十团机关旧址 **师市级文物保护单位：** 南闸、四十四团值班连老办公室、五十三团工三队涝坝、五十三团农机修理工房、永安坝纺织厂老厂房
第四师 可克达拉市	**师市级文物保护单位：** 头湖边防站、边防哨所遗址
第六师 五家渠市	**兵团级文物保护单位：** 第六师五家渠市司令部办公楼旧址、第六师一〇二团原一营营部旧址、第六师一〇二团十七连连部旧址、第六师一〇三团周春山烈士墓、第六师新湖农场辛建西烈士墓、第六师张家村屯庄遗址、第六师芳草湖碉堡粮仓旧址、第六师军户农场毛主席画像影壁 **师市级文物保护单位：** 将军府、高干会议室、第六师五家渠市原五家渠皮革厂旧址、第六师五家渠市原五家渠机械厂烟囱旧址、一〇二团十九连老办公室、一〇六团俱乐部、第六师五家渠市新湖七场五连俱乐部、三十里大墩镇航标灯塔
第七师 胡杨河市	**兵团级文物保护单位：** 第七师一三七团老二连连部旧址

续表

师（市）名称	不可移动文物名称
第八师石河子市	**全国重点文物保护单位：** 石河子军垦旧址、小李庄军垦旧址 **兵团级文物保护单位：** 第八师周恩来总理纪念馆、第八师石河子垦区第一口水井、第八师中国人民解放军第二十二兵团招待所旧址、第八师石河子市工二师领导办公、居住旧址、第八师石河子市造纸厂礼堂、第八师石河子市八一制糖厂建筑群、第八师粮油加工厂建厂初期建筑群、第八师一三三团军垦粮仓、第八师一三六团军垦礼堂、第八师一三六团七连红大门、第八师一四一军垦礼堂旧址、第八师一四八团办公室和招待所、第八师一四八团军垦粮仓（屯垦粮仓）、第八师一四九团机关办公建筑群（含招待所、办公室和机关食堂）、第八师一五〇团青年宫、第八师一五二团三连彩门、影壁
第九师白杨市	**兵团级文物保护单位：** 第九师一六一团孙龙珍军垦烈士陵园、第九师一六一团孙龙珍屯垦戍边陈列馆、第九师一六三团老民兵边防哨所旧址
第十师北屯市	**兵团级文物保护单位：** 中哈国门 **师市级文物保护单位：** 克兰河跃进大桥、沈桂寿升国旗旧址、桑德克中哈界河抗洪守土纪念遗址、龙珠山地道、北沙窝民兵哨所 **一般不可移动文物：** 军武哨所木质瞭望塔
第十二师	**兵团级文物保护单位：** 第十二师二二二团八连军垦遗址、第十二师二二二团五连土圆仓（军垦粮仓遗址）

续表

师（市）名称	不可移动文物名称
第十三师新星市	**兵团级文物保护单位：** 第十三师红星一场军垦厂区旧址、第十三师红星二场军垦地窝子旧址、第十三师红星二场场部旧址、第十三师红星二场八连营房旧址、第十三师红星二场三连红星俱乐部旧址、第十三师红星二场五道沟渠首、第十三师红星二场粮仓旧址 **一般不可移动文物：** 火箭农场毛主席像塔群、沙枣泉毛主席画像影壁
第十四师昆玉市	**兵团级文物保护单位：** 第十四师四十七团老战士陵园、第十四师四十七团老兵村旧址、第十四师四十七团老一连旧址
备注一：此表内容根据兵团公布的第一批《新疆生产建设兵团不可移动革命文物名录》及本人实地调研情况进行梳理。 备注二：一般不可移动文物即尚未核定公布为文物保护单位的不可移动文物。	

二、博物馆、纪念馆、团史馆等各类红色馆类场所

兵团各师市结合当地实际情况建造了不同种类及特点的博物馆、纪念馆、故事馆、陈列馆等重要红色馆类场所，用以弘扬中华优秀传统文化和传承民族精神和红色基因。据不完全统计，目前兵团辖区共建有各类馆类场所 89 座。

经信息检索和实地调研后，下面列举了当前兵团各师市重点投入使用的红色馆类场所名称。具体见表 4-1-2。

表 4-1-2

师（市）名称	红色场馆名称
第一师阿拉尔市	三五九旅屯垦纪念馆、二团军垦故事馆
第二师铁门关市	渤海教导旅纪念馆、二十一团陈列馆、二十九团团史馆
第三师图木舒克市	五十团团史馆、历史文物陈列馆
第四师可克达拉市	七十二团红军团纪念馆
第五师双河市	红星之旅陈列馆、沙山军垦陈列馆、“红星耀双河”陈列馆
第六师五家渠市	五家渠军垦博物馆、一〇三团兵团知青纪念馆、亮剑团史馆、一〇二团团史馆
第七师胡杨河市	戈壁母亲纪念馆、戈壁母亲旧居、一二八团团史陈列馆、毛主席纪念馆
第八师石河子市	新疆兵团军垦博物馆、一四九团团史馆、石河子大学博物馆、驼铃梦坡景区军垦纪念馆、莫索湾屯垦展览馆、安集海屯垦博物馆、一四一团博物馆、周总理纪念馆
第九师白杨市	团结农场团史馆、一六八团团史展览馆、孙龙珍屯垦戍边陈列馆
第十师北屯市	北屯市博物馆、一八一团屯垦戍边史馆、一八五团抗洪守土纪念馆、一八五团团史馆、西域屯垦历史文化展览馆
第十二师	二二二团北亭文史馆、二二一团团史馆、二二二团文史馆
第十三师新星市	红星二场的红星军垦博物馆、新星市博物馆

续表

师（市）名称	红色场馆名称
第十四师昆玉市	中国人民解放军进军和田纪念馆

三、红色雕塑

法国雕塑家罗丹说过：“艺术就是情感。”标志性的雕塑往往寄托着人们对历史中的某些人物或事件的特殊情感，雕塑的建设不仅能起到美化环境的作用，并且能够表达纪念意义。兵团辖区的标志性雕塑资源较为丰富，是兵团红色文化资源的重要表现形式，也具有鲜明的兵团特色。如，八师石河子市中心广场上矗立着王震将军的铜像，表达着人们对王震将军的纪念和缅怀；石河子市西公园东北角的《兵团第一代女拖拉机手》的雕塑再现了军垦第一代劳动、生活的场景，也体现了军垦第一代女性的勤恳与魅力；石河子市火车站站前广场上的主题雕塑《年轻的城》也凸显了石河子作为一座“新城”的城市魅力；六师五家渠市将军纪念馆内的“军垦魂”主题雕塑更是展现了第一代军垦战士们昂扬的志气和为兵团事业牺牲奉献的决心；一师阿拉尔市三五九旅纪念馆内竖立的“冰峰五姑娘”原型雕像再现了军垦第一代女性的坚毅勇敢、吃苦耐劳的高尚品质等等，这一座座红色雕塑承载着兵团人的记忆，彰显着兵团人的精神，也是传承红色基因的重要文化资源。

第二节　精神形态的兵团红色文化资源

兵团红色文化形成和发展过程中承载着兵团人的价值观念和坚定信仰，并指引着兵团人坚定不移地向前发展。精神形态的红色文化主要指兵团人在中国共产党的坚强带领下，在具体的社会实践中形成的以“热爱祖国”为核心，以“艰苦奋斗”为传统的精神信仰。具有表现为三种精神形态：兵团精神、胡杨精神、老兵精神。本章简要介绍胡杨精神和老兵精神，重点介绍当前兵团红色主流精神即兵团精神。

一、兵团精神

兵团精神是兵团红色文化的核心，具体是指兵团人在中国共产党的坚强领导下进行的六十余年的屯垦实践活动中形成的以“热爱祖国、无私奉献、艰苦创业、开拓进取”为主要内涵的精神品质。其中热爱祖国是本质与核心，无私奉献是本色，艰苦创业是时代召唤、开拓进取是创新品格。

（一）兵团精神内涵的总结提炼

兵团精神的基本内涵经历过多次的总结、提炼、概括之后最终得以确立。兵团精神的基本内涵在不同时期的变化体现了人们对兵团精神认知的变化，也反映了兵团精神与时俱进的特点。

兵团成立初期，兵团人以“自力更生、艰苦奋斗”为主要内涵的南泥湾精神为传家宝，完成祖国交给自己的劳武结合、屯垦戍边的职责使命。

20 世纪 80 年代中期，随着改革开放的兴起，中央提出了加强精神文明建设的新要求。1991 年 1 月，王恩茂在新疆生产建设兵团首届“弘扬兵团精神模范集体、模范个人表彰大会”上发表讲话，将兵团精神概括为“保持和发扬社会主义、爱国主义和全心全意为人民服务，屯垦戍边，自力更生，艰苦奋斗，开拓前进的精神。”[1]

1990 年 8 月 22 日至 9 月 1 日，江泽民同志在新疆考察工作，把兵团的作用归纳为生产建设、保卫边防、维护社会安定、促进民族团结这四个方面，并为兵团题词：“艰苦奋斗，屯垦戍边，建设边疆，保卫边疆，维护祖国统一，增强民族团结，促进各民族共同繁荣。”[2]

1998 年，兵团职工思想政治工作研究会对兵团精神作进一步提炼，即“屯垦戍边，艰苦奋斗，团结奉献，开拓奋

---

[1] 中共中央文献研究室，中共新疆生产建设兵团委员会编 . 新疆生产建设兵团工作文献选编 [M]. 北京：中央文献出版社，2014：159-160.

[2] 中共中央文献研究室，中共新疆生产建设兵团委员会编 . 新疆生产建设兵团工作文献选编 [M]. 北京：中央文献出版社，2014：181-183.

进”。[1]

2002年，兵团党委经过进一步研究，正式确定以“热爱祖国、无私奉献、艰苦创业、开拓进取”作为兵团精神的主要内涵。[2]

（二）兵团精神内涵的主要内容

1. 热爱祖国

热爱祖国是兵团人最深厚的情感，是兵团精神的核心要义，是兵团精神的灵魂和旗帜。兵团人对祖国的热爱表现在他们生活的方方面面，贯穿兵团人生命的始终。“到农村去，到边疆去，到祖国最需要的地方去”，在祖国的号召下，数十万支边青年辗转来到兵团，开启了艰难的屯垦实践；“江山空半壁，何忍国土荒”书写了兵团人浓烈的爱国情感，一八五团团场职工为了防止河界改道、失去祖国55.5平方公里的土地，与洪水奋力搏斗16个昼夜，最终使河水重归故道，没让一寸国土流失；一八五团一连职工沈桂寿凭着一腔爱国情感，自制国旗，每天按时将国旗庄严地从自家田间地头升起；孙龙珍烈士用生命书写了一首为国牺牲的壮歌……一代代兵团人以自己的亲身行动彰显着热爱祖国的兵团精神，践行着兵团人以国家利益为大的庄严承诺。

---

[1] 新疆中国特色社会主义理论体系研究中心．兵团精神的提出、发展和深化 [N]. 兵团日报，2022-02-14（7）.

[2] 新疆生产建设兵团屯垦戍边理论研究中心编．屯垦戍边理论热点面对面 [M]. 五家渠：新疆生产建设兵团出版社，2008：170.

2. 无私奉献

无私奉献是兵团精神的本色，是兵团人的高尚品格和价值取向，为了国家统一和民族利益，兵团儿女成为不穿军装、不授军衔、不拿军饷、永不换防的特殊战士。兵团人扎根于天山南北，创业于戈壁荒原，用自己的实际行动践行着“献了青春献终身，献了终身献子孙”的诺言。从繁华黄浦江畔而来的李梦桃医生将自己有限的青春奉献给了位于中蒙边境的“北塔山”这片热土，他用自己的双手治愈了无数当地病患，被当地牧民亲切地称之为“马背上的医生”。在祖国边境义务巡边50余年，走过20余万公里的魏德友，被人们称为“边境线上移动的活界碑”，现如今，魏德友夫妇仍然生活在萨尔布拉克这片戈壁滩，而他们的大女儿魏萍接过了父母手中的羊鞭，成为新一代的护边员。一代一代的兵团人用实际行动践行着初心使命，续写了“无私奉献”的伟大篇章。

3. 艰苦创业

艰苦创业是兵团精神的体现，更是兵团人实践的展示。新疆和平解放后，面对严峻的财政困难和恶劣的生存环境，兵团创业者们以强烈的奋斗精神战斗在新疆最恶劣的环境中，没有条件自己创造条件，经半年的努力，基本实现自给自足，为了发展工商业，创业者们通过节省粮票、布票，军装去口袋、去翻领等各种方式节约资金作为集资款，迅速建起了新疆第一批工业企业；第一代兵团人住着地窝子，喝着涝坝水，一手拿枪，一手拿镐，建设了一座座军垦新城，为兵团事业的发展奠定了坚实的基础。

4. 开拓进取

开拓进取是兵团精神的追求，是兵团人的行为特征。兵团人刻在骨血中的敢为人先精神，造就了新疆当代史中的很多个“第一”，第一匹机制棉布、第一块毛巾、第一块机制方糖，[1] 同时创办了新疆第一批现代工业，为新疆的工业生产作出了巨大的贡献。兵团的农业和科技生产也不断取得新突破，1953 年首次在玛纳斯河垦区试种棉花成功，打破了北纬 42 度以北的“植棉禁区”的传统观念；在全国率先推广使用地膜植棉、膜下灌溉等先进生产技术；刘守仁成功培育出“中国美利奴（军垦型）”细毛羊等先进事迹，无不体现着兵团人自强不息、开拓进取的创新品质。

二、老兵精神

新疆和平解放不久，为粉碎敌对残余势力在和田发生武装叛乱的阴谋，中国人民解放军第一野战军一兵团二军五师十五团 1803 名将士于 1949 年 12 月 5 日在副政委黄诚、副团长贡子云的率领下，从阿克苏出发，历时 18 天，行程 790 多公里，徒步穿越了塔克拉玛干沙漠，于 12 月 22 日胜利解放和田，挫败了敌人的叛乱阴谋，创造了人类历史上的一大壮举。此后，按中央的命令，该团部分老兵集体转业，改为四十七团，屯垦在塔克拉玛干沙漠南缘。[2] 战士们以革命乐

---

[1] 王崇久，黄宏主编．兵团精神 [M]. 北京：人民出版社，2008：172.

[2] 老兵精神编写组．老兵精神 [M]. 五家渠：新疆生产建设兵团出版社，2021.

观主义精神战天斗地，挖渠引水、开荒造田、架桥修路、植树造林，在艰苦卓绝的屯垦戍边实践中催生出的以“扎根新疆、热爱新疆、屯垦戍边”为主要内涵的强大精神力量。2013 年 12 月，四十七团 9 位健在的老战士给习近平总书记写信，表达他们“屯垦戍边”坚定信念，感谢党的关心关怀。习近平总书记很快作出了批示，充分肯定老战士们为屯垦戍边、建设边疆作出的重要贡献，并第一次使用“老兵精神”这个概念，强调要以“老兵精神”激励更多年轻人为祖国边疆的长治久安和繁荣发展作出贡献。

三、胡杨精神

胡杨是坚毅的沙漠之树，也被称之为“沙漠英雄树”。胡杨生而一千年不死，死而一千年不倒，倒而一千年不朽，是与银杏同时代的“活化石”。在新疆塔克拉玛干沙漠边缘生长着世界面积最大的胡杨林，它们是南疆沙漠环境的改造者，忍受荒漠中干旱多变的气候，将根深深扎入沙海，成为天然的生态屏障。老一代兵团人如胡杨一般扎根边疆、建设边疆，在环境极度恶劣的沙漠边缘开荒种田、植树造林，优化了南疆的自然环境，加速了南疆社会发展，在具体的实践中形成了以“艰苦奋斗、自强不息、扎根边疆、甘于奉献”的胡杨精神。2020 年 9 月 25 日至 26 日，习近平总书记在第三次中央新疆工作座谈会上强调“要弘扬民族精神和时代精神，践行胡杨精神和兵团精神，激励各级干部在新时代扎根边疆、奉献边疆。[1] 胡杨精神反映了兵团老一辈的精神风貌，展现了兵团人高尚的品格。随着社会的发展，这种精神也将激励着更多人投身到祖国的建设，投身到新疆的建设之中去，进而让胡杨精神发扬光大，成为共同的价值引领，让广大同胞为实现中华民族伟大复兴的中国梦而努力奋斗。

[1] 习近平：坚持依法治疆团结稳疆文化润疆富民兴疆长期建疆 努力建设新时代中国特色社会主义新疆 [N]. 人民日报，2020-09-27（01）.

第三节　兵团红色文艺作品

兵团红色经典文艺作品与近 70 年的屯垦戍边风云岁月相伴，在兵团的具体实践中产生，既是对中华优秀传统文化的继承，也体现了中华美学精神。兵团创作的红色文艺经典中承载的伟大兵团精神，是中华民族精神宝库中的重要精神财富。兵团红色文艺作品主要有：红色歌曲、红色文学作品、红色戏剧、红色舞台剧、红色影视作品等多种类型，本节重点介绍红色歌曲、红色文学作品、红色影视作品三种类型。

一、红色歌曲

在 60 余年的屯垦实践中，兵团人以兵团事业的具体实践活动为内容，创造出了很多催人奋进的红色歌曲。1954 年兵团成立后，随军进疆的音乐工作者及全国各地来兵团的音乐工作者，与新疆本地民族音乐工作者结合，组成一支音乐队伍，共同谱写了不胜枚举的动听歌曲。这些作品曾鼓舞兵团战士们发扬井冈山精神、南泥湾精神，在辽阔的新疆大地上开展轰轰烈烈的大生产运动，激发了战士们敢于与民族分裂分子和艰苦的自然环境作斗争的决心和勇气。兵团红歌是岁月沉淀下来的宝贵精神财富，展现了兵团的历史风貌，是中国音乐宝库中的瑰宝，也将不断激励新一代的兵团人继续为兵团事业做出更大贡献。

20 世纪 50 年代末，由张加毅作词、田歌作曲的《草原之夜》在四师六十四团完成创作，歌曲一经传唱便引起大众的喜爱和追捧，唱响祖国大江南北，甚至在海外传唱，被联合国教科文组织誉为“东方小夜曲”。20 世纪 60 年代，兵团音乐的创作进入第一个繁荣时期。《天山之歌》《送你一束沙枣花》《光荣的生产兵团》《解放军同志请你停一停》《红旗永远扛在肩》等大批以兵团为创作背景的红色歌曲得到广泛传唱。“文革”期间，兵团音乐停止创作。兵团恢复建制后，兵团音乐也逐渐恢复了生机。兵团音乐工作者以改革开放为主旋律，创作了许多具有时代特点的红色歌曲。20 世纪 90 年代中期，兵团的音乐创作有了新的飞跃，其中《兵团儿女心中的歌》《心潮澎湃》《相会在绿洲》《和谐兵团》《我们来自南泥湾》《白杨的故乡》《石河子是一首最美的歌》等歌曲传唱不衰并获得了许多奖项。到了 21 世纪，《兵团赞歌》《在阿拉尔留个影》《红星灿烂》等红歌被创作并广为传唱。

二、红色文学作品

实践催生文学的诞生，近 70 年来，兵团人以具体的实践活动为创作背景和创作内容，创作出了大量的反映兵团社会生活、讴歌兵团精神的文学作品。屯垦建设、维稳戍边、无私奉献等往往是此类文学作品的中心主旨，反映了兵团人在革命事业中的坚毅品格和卓越的智慧，携带浓厚的红色基因，而这类文学作品也可归类为“红色文学作品”。

兵团的文学创作始于人民解放军的军旅文化，其奠基人是兵团的创始人王震和兵团主要领导张仲翰，1949年，在人民解放军进军新疆途中，王震将军在甘肃酒泉创作了五言诗《凯旋进新疆》，经王洛宾谱曲后在部队中传唱，极大地鼓舞了战士们的士气。兵团副政委张仲翰写下了七言诗《塞上咏怀》，表现了万千指战员献身边疆的博大胸怀。20世纪50年代初，部队参加大生产，其间最活跃的文学创作是产生于战士中间的“枪杆诗”“镢头诗”“顺口溜”。这些群众性的诗歌创作，朴实、明朗、通俗易懂，多为指战员赶时间的记事之作，一般登载在连队的黑板报、墙报上，偶尔也见诸报端。部队参加大生产时期，有一批部队文艺工作者，在当时火热垦荒生活的感染下，创作出了一批短篇小说、剧本、散文、通讯、特写等作品，在各级报刊上发表。1954年生产建设兵团成立后，兵团文学创作开始由军旅文学向军垦文学转变，文学主题除了一些回忆文章反映部队生活外，大部分反映了兵团屯垦戍边的新生活。“文革”时期，兵团文学作品园地一片荒芜，直至“文革”后期，极少数文学作品发行。1981年兵团体制恢复后，新一代文学作家以反思时代为主题写出了青年的呐喊，文学创作进入了新的发展时期。进入21世纪后，兵团的文学创作进入繁荣发展时期，直至今日。

（一）小说

1. 短篇小说

短篇小说是兵团文学的强项，无论是数量还是质量都显示出了兵团作家的创作智慧和创作力量。20世纪50年代初，一些生活在生产一线的文学爱好者，开始用短篇小说的形式来反映中国人民解放军艰苦创业、屯垦戍边的斗争生活。如伊萍的作品《永远前进》、权宽浮的《老英雄下山》、陈牧陵的《不要蛮干》等均为这个时期短篇小说的代表作。

兵团成立后，文学创作的队伍日益壮大，短篇小说也日趋繁荣。朱定创作的《工程师讲的故事》《关连长》《苇湖老人》，沈凯创作的《故乡夜战》《老高头和他的“新娘子军”》《道路》，李好学的《艾比湖畔》《忠心耿耿》《一夜之间》等是这个时期短篇小说的代表作。

改革开放之后，留在兵团的老作家重新拿起笔来，一些中青年作者加入文学创作队伍，创作了一大批优秀作品。安静的短篇小说《将军的故事》、胡秉中的《归队》、张宝发的《团聚》、王刚的《这些老兵啊》等具有较大影响力，其中安静的《将军塞上曲》获自治区小说创作一等奖；进入 90 年代，兵团短篇小说在创作手法和创作内容上都取得了较大的进步，影响较大的作家非韩天航莫属，他的短篇小说在全国性文学刊物上发表后备受瞩目。

进入到 21 世纪后，兵团短篇小说创作更加繁荣，涌现了很多优秀作品，如王永的《猎殇》《翠花的故事》，王伶的《无花米》，郭晓力的《无声堕落》等一经发表，广受好评。2022 年，“兵团二代”作家张者创作的兵团题材短篇小说《山前该有一棵树》荣获第八届鲁迅文学奖短篇小说奖。

2. 中篇小说

20 世纪 50 年代末，兵团一些生活经历较为丰富的业余作者开始创作中篇小说，力图从更广阔的范围反映兵团生活。最早出版的一篇中篇小说是朱旭的《太阳刚刚出山》，随后一些作家以青年人在革命锻炼成长为主题创作了《牧场短调》《小战士抢渡黄河》《军队的女儿》等作品，其中邓普的《军队的女儿》在全国青少年读者中产生了较大影响，曾被多次再版。

党的十一届三中全会后，中篇小说的创作又恢复了活力。据不完全统计，1980 年至 1988 年，兵团作家刊登于全国各地文学刊物上的中篇小说数量有 50 余篇。1990 年后，兵团涌现一批中青年作家创作出一大批反映屯垦戍边生活的中篇小说。其中施祥生创作的《天上有个太阳》被著名电影导演张艺谋改编为电影《一个都不能少》；韩天航的中篇小说集《重返石库门》获得了较大影响力，此作品通过描写 60 年代初来到兵团支边的上海青年在为开发建设边疆挥洒青春和汗水后，根据党的政策回到上海，重新回到原来生活过的石库门和洋楼与棚户后，又经历了一场为争取生存而展开的搏斗。该书于 1988 年获得兵团第一届精神文明建设“五个一工程”奖。2003 年韩天航出版了中篇小说集《背叛》，该小说集收录作者近几年创作的 7 部中篇小说；韩天航的中篇小说《我的大爹》《母亲和我们》分别被改编为电视连续剧《热血兵团》和《戈壁母亲》，两部剧一经播出，在全国引起热烈反响。此外，韩天航还出版了兵团题材的中短篇小说《克拉玛依情话》《淡淡的彩霞》《回沪记》《洋楼与车库》《悠悠棚户情》《背叛》。

3. 长篇小说

兵团长篇小说的创作也始于 20 世纪 50 年代末，作家碧野的作品《阳光灿烂照天山》是第一部以长篇小说的形式反映军垦战士屯垦戍边、保卫边疆、建设边疆的作品。20 世纪 60 年代初期，兵团的长篇小说有了向上发展的势头，出版了少量长篇小说作品。

到了兵团建制恢复后，兵团题材的长篇小说逐步发展。邓普的《情满天山》，陆天明的《桑那高地的太阳》相继出版。1978 年，作家沈凯创作的长篇小说《古玛河春晓》在全国引起不小反响。

20 世纪末到 21 世纪初，出版的兵团题材的长篇小说有韩天航的《太阳回落地平线上》，肖道纲的《天涯长路》，闵长庆的《最后的战争》等作品。2020 年，王运华长篇小说《蛟龙出天山》一书由人民文学出版社出版发行，向外地读者打开了全面了解兵团的新视角。

（二）报告文学

20 世纪 50 年代，兵团人开启了屯垦戍边的实践，在祖国边疆最艰苦的地区开荒造田、兴修水利、铺设公路、保护生态……在各个方面都取得了世人瞩目的成就，涌现了无数新人新事和英雄伟绩。兵团广大作者以真人真事为基础，创作出了大量报告文学作品。这些作品，真实地记载了发生在兵团各条战线的真人真事，歌颂了军垦战士艰苦创业的精神，鼓舞了一代人的斗志，如傅志华的《天山探路》，李叶的《一条长龙出天山》，石震的《莫索湾创业史话》等，作品从不同视角描绘了兵团职工的奋斗精神，令人印象深刻、备受鼓舞。

20 世纪 80 年代，兵团体制恢复，跟随改革开放的脚步逐步进入新的发展阶段，大部分作者喜爱采用报告文学的形式对兵团涌现的新人新貌进行记录。据不完全统计，1954 年至 1989 年兵团共创作报告文学集 34 部。[1]

进入 20 世纪 90 年代，兵团报告文学创作也进入新的发展阶段，不少作品被《绿洲》杂志收录。在兵团成立 40 年之际，报告文学集《艰难与辉煌》问世，全书收录了 17 篇优秀作品，真实反映了兵团艰难创业的过程及在实践中取得的伟大成就。

进入 21 世纪，杨德胜的《边塞育蓓蕾》，王安润的《沙海击浪》，丰收的《镇边将军张仲瀚》《西长城》等反映兵团主题的报告文学作品相继发表，其中丰收的《西长城》获得第七届鲁迅文学奖优秀报告文学奖。

（三）诗歌

兵团诗歌源于人民解放军的军旅生活。20 世纪 50 年代初，兵团广大指战员参加大生产运动，投入到艰苦的开荒建设中。部分诗歌爱好者结合当时的生产、学习、固边等一系列活动创作出大量的“枪杆诗”“镢头诗”，这些作品真实地反映了战士们在部队的生活场景，也表达了战士们甘于奉献、艰苦奋斗的高尚情操。

到了 20 世纪 50 年代中后期，兵团诗歌在内容、形式等方面都有了一定提高，兵团的诗歌创作进入到中兴时期。雷霆的《尤鲁都斯情歌》，伊萍的《塞外稻香曲》《南疆行》《草原集》等作品在全国性文艺刊物上发表。

20 世纪 60 年代，在祖国的号召下，北京、天津、上海

[1] 新疆生产建设兵团史志编纂委员会编 . 新疆生产建设兵团文学艺术志 [M]. 五家渠：新疆生产建设兵团出版社，2013.

等十余万支边青年来到兵团，一大批优秀的文学爱好者在诗歌天地展露才华。东虹的《通向塔里木的道路》《列车向前》，李幼容的《天山进行曲》，章德益的《大汗歌》均为诗歌界佳作。值得一提的一件事是1960年诗人艾青来到石河子市落户，受王震将军的指示，艾青深入群众生活、指导青年人创作，培养了一大批青年诗歌作者。其间他创作了许多反映兵团生活的诗，如《从南泥湾到莫索湾》《烧荒》等，他的诗对兵团红色题材诗歌的创作产生了深远影响。

20世纪50、60年代兵团几位老领导王震、张仲翰、陶峙岳、陶晋初、王根僧、陈德法以旧体诗词的体裁创作了一批歌颂兵团的诗词。如张仲翰的《老兵歌》《塞上咏怀》，陶峙岳的《迎王震将军入疆》《登阿拉尔第一座楼》《塞外江南克木齐》等。

兵团恢复建制后，沐浴着改革开放的春风，兵团诗歌界呈现老诗人和中青年诗人并肩创作的局面。老诗人杨树创作了《无愧的歌》《我们唱着往前走》，雷霆创作了《伊犁河的涟漪》等佳作。中青年崛起诗人的代表是杨牧，他出版的诗集有《绿色的星》《复活的海》《无愧的歌》《塔格莱丽赛》《野玫瑰》《边魂》《雄风》《荒原与剑》等。

进入到21世纪，兵团老中青三代齐声歌颂兵团在西部大开发中发生的巨大变化。洋雨出版了《洋雨诗选》，李光武的《走过废墟》，秦安江的《接近那河》《洪水》《老房子》，杨树的《绿洲的上帝》等作品展现了兵团的新貌。

三、红色影视作品

兵团题材影视作品以兵团的屯垦实践活动为背景，着力于反映新疆生产建设兵团艰苦创业、开拓进取的伟大历程。作品也力图通过书写个人命运来展现兵团的历史印记，具有鲜明的时代特色和地域特色，让观众轻松地从历史时空中辨认出兵团特色。兵团红色影视剧作整体创作风格上体现着浪漫的爱国主义情怀和积极向上的革命主义精神，用通俗易懂的表现形式描述兵团革命历史，弘扬社会主义红色文化主旋律。

1950年，驻疆人民解放军响应党中央的号召，积极开展大生产运动，涌现出许多可泣可歌的英雄事迹，引起了军内电影工作者的关注。当年，北京电影制片厂在新疆拍摄了纪录片《部队生产》。1953年，八一电影制片厂到新疆拍摄了大型纪录片《边疆战士》全面记录了新疆全区生产部队参加大生产运动的壮举。1954年兵团成立后，新疆的屯垦戍边事业取得了辉煌成绩。兵团艰苦创业的英雄伟业，吸引了全国电影界，纷纷派摄影组前来拍摄。这时拍摄的大部分是纪录片，有的反映丰收季节，有的反映农场的生产建设场景。如由八一电影制厂与捷克斯洛伐克合拍的大型彩色纪录片《银花开遍天山下》，反映了农七师、农八师在玛纳斯河流城大面积种植棉花获得丰收的事迹。1956年上映的《沙漠里的战斗》是反映兵团题材的第一部电影。1959年，在新中国成立10周年即将来临之际，受时任国家农垦部部长王震将军的邀请，导演张加毅带领拍摄组在兵团农四师六十四团拍摄了大型彩色纪录片《绿色的原野》，作为建国十周年的献礼，受到全国观众的喜爱。60年代初，兵团成立了绿洲电影制片厂，先后拍摄了《围栏放牧》《带雪犁地》《猛进水库》《丰收前奏》等兵团题材的电影。

1981年兵团体制恢复后，兵团作家创作了大量的电影文学剧本，而兵团电视剧创作也逐渐起步。由许特生长篇小说改编的电影《沙砾》由八一电影制片厂拍摄，该片讲述了塔里木养路工人苏旺的斗争生活和爱情生活的故事。1994年，郭培中创作的电影文学剧本《沙漠恋歌》由峨眉电影制片厂拍摄，获兵团第二届文学艺术成果二等奖。数据显示，1985年至1989年兵团共制作专题片63部，其中电视系列片《他们还留在兵团》一经播出，引起广泛关注。1990年，兵团电视录制中心获得大丰收，全年共拍摄专题片26集、资料片9集（供内部播放）。这些电视片宣传了兵团的先进模范人物，弘扬了兵团精神，讴歌了屯垦戍边的伟大事业，取得了良好的社会效益。1994年五集电视专题片《最后的荒原》在多个电视频道播出，受到好评，被评为全国“五个一工程”奖。1996年兵团拍摄的五集电视专题片《崛起的绿洲》于2001年获兵团“五个一工程”奖。1998年至2000年兵团拍摄的专题片《西山上的女人》《兵团行》《走进兵团》《追寻长河》《不息的塔里木河》都受到一致好评，并获得不同层次的奖项。

进入21世纪，兵团电影电视作家协会围绕中心、服务大局，创作了大量的反映兵团“两个文明”建设的专题片。

2009年6月，在新疆生产建设兵团农十四师二二四团开机拍摄了一部反映新疆发展历程的大型电视历史纪录片《千古之策》，主要反映新疆自西汉以来中国屯垦戍边的历史壮歌，反映了新中国成立以来新疆生产建设兵团屯垦戍边事业的光辉业绩，真实再现了新疆生产建设兵团在新疆艰苦创业的历程。

近年来，随着红色文化传承热浪的掀起，兵团军垦题材的电影、电视剧也不断推陈出新，2019 年年底，电视剧《当祖国需要我们的时候》在新疆石河子杀青，该剧讲述了 1949 年新疆和平解放后，进疆部队接受命令就地转业、屯垦建设新疆的故事。

这些具有代表性的兵团红色文艺经典凝聚了兵团人不怕困难、艰苦奋斗的宝贵精神，这些精神至今仍然激励着广大青年为建设美丽边疆而拼搏奋斗。

第五章　兵团红色文化传承与发展的机遇和挑战

当前，兵团红色文化传承与发展面临的国内外环境都日趋向好，这些环境和条件为兵团红色文化的传承与发展提供了良好机遇。然而，在面对良好机遇的同时，兵团红色文化传承与发展也面临着巨大的挑战。从总体上看，兵团红色文化的传承与发展工作已经进入机遇和挑战并存的新发展阶段。在新的历史时期，兵团红色文化将会迎来更大的发展。

第一节　兵团红色文化传承与发展面临的良好机遇

一、党和国家对传承红色文化的重视为兵团红色文化的传承与发展指明了方向

党的十八大以来，党和国家高度重视红色文化的传承与发展工作，习近平同志率先垂范，多次到革命老区进行走访、调研，并作出了一系列重要讲话，“共和国是红色的，不能淡化这个颜色”[1]，“要教育引导广大党员、干部发扬革命传统，传承红色基因”[2]，“在党史学习教育中做到学史崇德，就是要引导广大党员、干部传承红色基因，涵养高尚的道德品

[1] 上下同心再出发——习近平总书记同出席 2019 年全国两会人大代表、政协委员共商国是纪实 [N]. 人民日报，2019-03-15（01）.

[2] 习近平在湖南考察时强调 在推动高质量发展上闯出新路子 谱写新时代中国特色社会主义湖南新篇章 [N]. 人民日报，2020-09-19（01）.

质”[1]，“从小树立远大理想，立志成为社会主义建设者和接班人，确保红色基因代代相传”[2]……中央也出台了一系列的方针、政策、实施纲要和专门性文件。无论是宏观顶层设计、整体规划，还是微观具体措施、基层实践层面都为兵团的红色文化的传承与发展提供了坚实的政策支撑和制度保障。

第一，国家层面先后制定了新的发展战略。党和国家制定了坚定文化自信与建设文化强国战略，乡村振兴与革命老区精准脱贫发展战略，文化与旅游产业融合发展以及文化与科技融合发展等战略，为兵团红色文化的传承与发展提供了政策遵循和方向指导，成为兵团红色文化的传承与发展的强大驱动力和坚实后盾。

第二，组织开展红色主题实践教育活动。党的十八大以来，中央先后组织开展了党的群众路线教育实践活动，“三严三实”专题教育、“两学一做”学习教育、“不忘初心、牢记使命”“学习贯彻习近平新时代中国特色社会主义思想”主题教育和党史学习教育，并在全军中开展了“传承红色基因，担当强军重任”主题教育等活动。除此之外，还制定了《2018—2022 年全国干部教育培训规划》，把红色文化作为对党员领导干部教育培训的重要内容；制定了《新时代爱国主义教育实施纲要》，把红色文化作为新时代对普通公民爱国主义教育的重要内容。这些学习教育都体现了党和国家对继承

---

[1] 坚持以人民为中心深化改革开放 深入推进青藏高原生态保护和高质量发展 [N]. 人民日报，2021-06-10（01）.

[2] 全面推进乡村振兴 为实现农业农村现代化而不懈奋斗 [N]. 人民日报，2022-10-29（01）.

革命优良传统，传承红色基因的重视。其共同点就在于使广大党员干部群众接受红色精神的洗礼，学习榜样和先进典型，弘扬红色传统，进而坚定理想信念，在重温历史中汲取在新时代继续前行的力量。在中国共产党成立一百周年之际，全党上下掀起了党史学习教育热潮。

第三，鼓励大力开发、保护、利用红色文化资源，建设红色文化教育基地。物质形态的红色文化资源背后承载着红色文化精神，具有巨大的政治、经济、文化和育人价值。近年来，国家对红色文化资源的开发、保护、利用工作提出指导意见并予以大力扶持和有效支持，配套政策也相继出台，先后发布了《关于培育和践行社会主义核心价值观的意见》《关于实施中华优秀传统文化传承发展工程的意见》《关于加强文物保护利用改革的若干意见》《全国红色旅游公路规划（2017—2020 年）》等重要文件，印发了《关于促进旅游业改革发展的若干意见》《国家文物保护专项资金管理办法》《中央对地方博物馆纪念馆免费开放补助资金管理办法》等通知和指导性文件，均对革命文物等红色文化资源的保护利用作出了说明，对红色旅游的发展、爱国主义教育基地和国家文化公园的建设进行了规划与部署。目前，爱国主义教育基地因国家和地方的重视和投入逐步向红色旅游景区过渡，从中央到地方建成了一批内容丰富、种类多样的红色文化教育基地，在不同场景下开设了诸如红色文化图书馆、红色文化长廊等红色文化专题教育基地。通过建设红色文化教育基地，可以进一步发挥和实现红色文化的新时代价值，激发人们的爱国热情。

第四，鼓励发展红色旅游产业，研发红色文化创意产品。

2016年，多部门联合下发了《关于推动文化文物单位文化创意产品开发的若干意见》，对博物馆、美术馆、图书馆这些文化文物单位积极主动开发文化创意产品工作提出了新的要求。红色文创产品是文创产品的一种，也是新时代兵团红色文化的传承与发展的有效载体，借助“又红又潮”的红色文创产品这一载体，将抽象的红色文化寓于具体的物品中，以更加通俗、更加有趣的方式呈现在人们面前，可以启发人们的思考和感悟，进一步推动新时代红色文化的传承与发展。

二、兵团综合实力的壮大为兵团红色文化的传承与发展创造了良好的条件

党的十八大以来，兵团坚持以习近平新时代中国特色社会主义思想为指导，以党中央的决策部署为行动指南，以与时俱进的精神深化改革，兵团经济繁荣发展，兵地融合发展步伐不断加快，为兵团红色文化的传承与发展提供了条件保证。

第一，兵团经济取得了繁荣稳定的发展，为兵团红色文化的传承与发展提供了经济基础和物质保障。进入新时代以来，兵团的生产总值年增长率达到7.9%，截至2021年，兵团人均生产总值位列全国第七位；农业基础地位不断加强，人均粮食产量0.83吨，位列全国第四位；服务业成为经济发展的主要动力。职工群众不断增收，生活水平进一步得到提高。同时，兵团对文化建设的政策倾斜和支持力度也在不断加大和增强，着力打造先进生产力和先进文化示范区。截至目前，兵团共有图书馆10座、美术馆4座，连队（社区）综

合性文化服务中心190个，连队文化活动室1916个，各级各类博物馆、纪念馆（陈列室）89座。兵团始终坚持文化共建共享，各师市、团场公共文化体育设施向周边地方群众免费开放。兵团各级各类文艺团体坚持开展“送文化下基层”演出活动，每年开展各类演出近500场。这些都为兵团红色文化的传承与发展创造了良好的发展环境。干部职工群众在满足了物质生活需求后，就会进一步对精神生活产生需求，兵团繁荣发展的经济使得兵团干部职工群众有了对精神生活满足和追求的意愿和能力。

第二，聚力深化改革，打造新优势，为兵团红色文化的传承发展提供全方位保障。近些年来兵团通过一系列深化改革措施，不断增强兵团的发展活力。通过持续深化改革，聚力健全和转变“政”的职能、财政税收改革、国资国企改革、团场综合配套改革等，一系列深化改革措施不断增强兵团高质量发展的动力活力。团场综合配套改革，是兵团深化改革的重要内容。改革让团场的职能被重新定位，从传统农垦企业管理体制下的“企业办社会”，转到增强维稳戍边能力、提供公共服务上，承接行政职能和行政执法权，从而全面履行行政职能。土地承包权、职工身份、民兵义务“三位一体”新制度落地，使农牧团场一线职工人数较改革前大幅增长，职工农业生产的积极性大幅提升，确保维稳戍边力量充足。2018年以来，新疆维吾尔自治区授予兵团行政职能和行政执法权3511项，兵团“政”的职能进一步健全，行政管理更加规范，基层治理和社会服务更加有序，治理体系和治理能力现代化水平明显提升。为彻底改变政企不分的问题，兵团近1800家团办企业与团场行政分离，自主经营，兵团“企”的市场主体地位进一步确立，国资国企改革取得阶段性成果。截至 2021 年底，兵团国有企业资产总额 5929 亿元，同比增长 5%，国有企业的作用更加重要。

第三，兵地融合日益紧密，为兵团红色文化的发展提供了更广大的空间。兵地双方在维稳戍边、经济发展、文化创作、人才交流、重大基础设施建设、生态环境保护、教育医疗等领域广泛开展交流合作，各族群众共享融合发展带来的红利，获得感、幸福感、安全感不断增强。

三、网络媒体为兵团红色文化的传承与发展拓宽了空间

进入 21 世纪以来，互联网就不断催生新兴媒介的产生。进入全媒体时代，信息无所不在、无人不用，信息文化的传播方式、传播格局等都发生着深刻的调整和变革，这也为兵团红色文化的传承与发展拓宽了空间。

第一，网络媒体为兵团红色文化提供丰富的传播方式，创新了兵团红色文化传承与发展的载体。基于互联网发展的新媒体在近些年发展态势持续走高，在一定程度上也弥补了传统媒体的缺陷，收获了越来越多网民的喜爱。新兴媒体打破了单向灌输的传统传播格局，构建了多维互动的新局面，线上、线下相结合，现场和网络交相互动，虚拟和现实相互交织。网络为兵团红色文化的传承与发展提供了更多可能，其所具备的灵活性和联通性让更多的人拥有发言的机会。通过互联网，每个人都可以作为红色文化信息的接收者，但也可以是红色文化内容的创造者和传播者，使得广大群众能够广泛便捷地参与到兵团红色文化传承与发展的过程中。基于

网络媒介的兵团红色文化传播，能够通过大数据分析，在最短时间内全面了解和掌握受众的需求，根据受众浏览过的视频和信息，细分受众的喜好，为其专项打造个性化、定制化的信息并进行精准推送从而试图建立更加长久且稳定的联系，有效提升传播效果，为兵团红色文化的传承与发展带来活力，也能持续丰富兵团红色文化的表现形式和传播手段。除了依靠传统的方式进行文化传播外，还可以借助各大网络平台和新兴媒介，如抖音、快手、微博、QQ、微信、知乎、B 站、今日头条、学习强国等实现全方位、立体式的传播。例如，利用微博平台转发分享有关兵团红色故事的链接、图片或故事等，引发微博相同喜好群体的“同频共振”；利用抖音、快手等短视频平台创作有关兵团红色文化的内容，如通过拍摄或直播各师市具有特色的博物馆文物，并配以讲解，引起广大群众的关注和学习；在学习强国、今日头条等平台推送兵团故事、兵团历史、兵团人物等相关内容，充分融入视频、文字、图片、音频等多种媒介形式，让受众在交流互动中感知兵团红色文化多元而又强大的生命力。

第二，网络媒体能够不断丰富兵团红色文化的传播内容。互联网具有超时空性，以其强大的搜索功能和超链接功能，使红色文化信息在二次或多次传播过程中能够被更快捷地检索、浏览和使用，使受众通过移动终端随时随地、及时有效地获取和接收红色文化的相关信息和最新发展动态，在较短时间内接受生动形象的红色文化教育，加快了红色文化的传播速度，成为连接信息发布者、传播者和受众之间最方便快捷有效的桥梁和沟通途径。一方面，受众可以充分利用碎片化的时间获取信息，另一方面，网络新媒体将平面与立体有机融合，展现形式丰富多彩，故事讲述方式生动灵活，使原本“阳春白雪”的东西变得更加通俗化，更加具有亲和力，融入群众的真实生活。把网络平台作为兵团红色文化传承与发展的主要阵地，加大兵团红色文化的创作力度，创新兵团红色文化的传播方式，丰富红色文化的传播内容，可以充分调动受众的积极性和主动性，使受众能够全方位、多角度、多层次地体悟红色场景与革命精神，从而激发其爱国主义情感，强化其责任担当意识，有效提升红色文化的辐射力、感染力和引领力。

四、“一带一路”建设为兵团红色文化创造了对外发展的机遇和空间

“一带一路”是中国坚持推动构建人类命运共同体的生动实践。自习近平总书记于2013年金秋提出共建丝绸之路经济带和21世纪海上丝绸之路重大倡议后，“一带一路”开启了中国发展和世界发展的新篇章。截至2023年2月，我国已和沿线151个国家、32个国际组织签订了200余份的共建“一带一路”的合作协议，这一发展倡议，加强了世界各国间的联动，促进了世界文化的交流。在“一带一路”倡议下，新疆的战略地位不断凸显。2020年5月，中共中央、国务院印发《关于新时代推进西部大开发形成新格局的指导意见》，指出“支持新疆加快丝绸之路经济带核心区建设，形成西向交

通枢纽和商贸物流、文化科教、医疗服务中心”[1]。2022 年 7 月，习近平总书记来新疆考察时指出“随着共建‘一带一路’深入推进，新疆不再是边远地带，而是一个核心区、一个枢纽地带”[2]。这一发展倡议的实施，为新疆和兵团的发展提供了机遇和空间，为兵团红色文化的对外交流和传播提供了更多可能。

第一，“一带一路”建设为兵团红色文化的对外交流提供了良好的外部环境。历史经验证明，只有“自由开放”才能持续推动世界发展和社会进步。世界各国间贸易往来和经济互动的过程更是文化交流的过程。兵团红色文化是中华优秀传统文化和社会主义先进文化的重要组成部分，先进性、科学性、创新性等文化特质突出，但文化交流不能仅囿于国内交流，更要打开眼界，向世界发展才能实现兵团红色文化的发展和实现其意蕴的巨大价值，并在对外交流交往的过程中为世界文化的发展提供思路和借鉴的可能。随着“一带一路”倡议的提出，沿线各国间的文化交流日益紧密，并加大了互动的频率，不同民族、不同风俗、不同习惯的世界人民开始相互关注、相互联系、相互学习，同时国际掀起了“汉语热”的浪潮，越来越多的国家开始注重汉语的学习，这为兵团红色文化的传播和对外交流提供了良好外部环境。

第二，“一带一路”建设为兵团红色文化的发展提供了经

[1] 中共中央、国务院关于新时代推进西部大开发形成新格局的指导意见 [N]. 新华社北京 5 月 17 日电 .

[2] 习近平：新疆不再是边远地带，而是一个枢纽地带 [N]. 新华社北京 7 月 15 日电 .

济动力。文化与经济的关系不言而喻，经济决定文化的发展，文化反作用于经济的发展。在“一带一路”建设中，各国文化产业逐渐兴起，迎来了新的发展契机，为全球经济的增长带来了机遇。兵团紧抓“一带一路”发展机遇，聚力兵地文化资源融合，积极打造文化产业，大力发展红色旅游，设计精品旅游路线、开发红色文创产品，兴起红色影视行业，同时，通过文化产业，加大了对工业和农业产业门类的渗透作用。兵团的硬实力和软实力都取得了较大提升，兵团职工群众的获得感、幸福感、安全感持续上升。“一带一路”建设为兵团红色文化在对外交流过程中实现经济价值提供了动力和平台。

第三，“一带一路”建设为兵团红色文化的传承与发展奠定了人文基础。“一带一路”倡议下，中国不断加强与沿线国家的文化交流交往，中国优秀文化和中国声音不断向世界传出，其传递的价值观与其他国家的优秀文化具有一定契合性，以推崇“真善美”、批判“假丑恶”为价值追求，贯穿淡泊名利、舍己为人的价值理念，以构建人类命运共同体为目标，为各国之间的文化交流奠定了深厚的人文基础，获得了沿线国家民众的一致追求和好评。兵团借助“丝绸之路经济带核心区”的区位优势加大对外文化交流。兵团红色文化背后蕴意的红色文化精神与中国的社会主义核心价值观具有价值统一性，兵团通过不断做大产业、做强实力、帮助其他国家进行建设、讲好兵团故事、擦亮兵团名片获得更多对外沟通交流的机会，塑造了良好的对外交流形象。

第二节　兵团红色文化传承与发展面临的严峻挑战

当前，我国正处于“两个百年”奋斗目标的交汇时期，面对世界百年未有之大变局和中华民族伟大复兴的战略全局，机遇和挑战并存。面对日益变化的国内环境和错综复杂的国际环境，兵团红色文化的传承与发展也面临着巨大的挑战。

一、文化霸权对兵团红色文化影响力的削弱

目前，中国特色社会主义进入了新时代，我国正处于以中国式现代化的方式全面推进中华民族伟大复兴的历史进程中。国际环境的深刻变化既为中国特色社会主义的发展带来了千载难逢的机遇，也带来了前所未有的挑战。新时代成功推进和拓展的中国式现代化，实现了对资本主义发展模式的超越，一度引起了西方敌对势力的“关注”。西方敌对势力企图从意识形态领域入手，将其作为谋取国家利益的重要方式和手段，不断对我国进行文化输入，实施文化霸权主义，意图削弱兵团红色文化在我国的影响力。

第一，西方国家采取各种手段攻击中国的制度、丑化共

产党的形象。以美国为代表的西方资本主义国家遏制和禁止一切有悖于其意识形态的文化理念，在意识形态领域争夺话语权，不断编造“中国威胁论”等不实言论，企图在世界范围内制造恐慌，致使许多国家纷纷将敌对矛头转向中国。如借助新冠疫情事件大做文章、编造新疆人权问题等谣言来诬蔑和打压中国，企图从精神层面控制人的意识，进而遏制中国的发展。

第二，利用媒介渗透和文化产品等手段进行文化入侵。美国学者约翰·耶马在《世界的美国化》一文中指出，关于文化的扩张，美国真正的武器是好莱坞的电影业、麦迪逊大街的形象设计和马特尔公司、可口可乐公司的生产线。[1] 其中美国好莱坞电影是美国实行文化霸权的主渠道之一，美国在进行电影制片时，擅长利用多元文化背景，吸取世界各国各族裔的关注，“嵌入配售”美国价值观，收获大批的“粉丝”，至今为止仍有大批观众具有浓厚的“好莱坞电影情结”。协同美国电影迅速传入国内的个人英雄主义、享乐主义、拜金主义、利己主义等价值观念侵蚀着中国公民尤其是青少年的思想，解构着红色文化传递的社会主义价值观，对兵团红色文化的传承与发展带来了巨大影响。

第三，西方社会思潮对我国公民的价值观造成一定影响，从而降低了对兵团红色文化的认同。一是民主社会主义思潮，这种思潮认为真正的社会主义区别于传统的社会主义，但也并非资本主义，而是一种社会公正、自由与世界和平、生活

---

[1] 美国的霸权霸道霸凌及其危害 [N]. 光明日报，2023-02-21（10）.

美好的社会模式。民主社会主义思潮极具蛊惑性和虚幻性，一些人在接触民主社会主义思潮之后思想一度混乱，威胁国家发展与安全。二是自由主义思潮。这种思潮全面否定马克思主义，倡导全面私有化、市场化，弱化集体主义，强调个人主义，动摇部分国民的理想信念，开始对中国社会主义制度产生怀疑，这与兵团红色文化传递的“无私奉献”的价值观念相悖。三是消费主义思潮。这种思潮推崇及时消费、及时享乐，将个人当下的享乐和自我满足放在首位，使我国勤俭节约的传统美德受到巨大冲击，很多人接受此观点后变得爱慕虚荣、贪图享乐，丧失了对美好生活的奋斗精神，与兵团红色文化传递的“艰苦创业”的价值理念相悖。四是后现代主义思潮。这种思潮主张唤醒人的自由、尊重个体，崇尚多元思维，反对制度的束缚，其负面影响是人民群众的责任意识和担当意识缺失，丧失了理想信念，这与兵团红色文化主张的精神信念相左，影响到人们对兵团事业的热情和信心。纷繁复杂的外来文化思潮的传入，潜移默化地影响着我国国民的思维方式和生活方式，消极价值观的输入让一些国民理想信念淡化、个人私欲爆棚，在一定程度上弱化了对祖国的认同、对祖国文化的认同，这些情况导致我国在意识形态领域的安全问题突出，同时对兵团红色文化的传承与发展带来巨大的挑战。

二、现代传媒特别是新兴媒体的发展对兵团红色文化的传承与发展带来一定冲击

随着全球信息技术的高速发展，互联网已渗透到人类生

产生活的方方面面。基于互联网兴起的新兴媒体成为人们日常生活中重点依赖的社交、学习、娱乐工具。多元、开放、便捷的信息网络在给人们带来无限方便的同时也为兵团红色文化的传播带来了一定的冲击。

第一，创造内容上具有失真性。虚拟性是网络媒体的显著特征，在网络信息的传递中，一些传播主体为了博得关注、获取流量，会抓住舆论热点编辑一些虚假信息进行上传，这一系列行为导致兵团红色文化相关传播内容的真实性和准确性无法得到保证，虚假信息不仅会影响到人们对世界观、人生观、价值观的塑造，也会进一步腐蚀人们的心灵和思想，大大降低对兵团事业、对兵团红色文化的价值认同。

第二，将人们的生活做碎片化切割。新媒体时代背景下，人们从新兴媒介中找到了精神慰藉和压力宣泄口。大家的时间和精力被无数个精心编制的短视频或不同主题的直播节目分割成小块，人们接收到的有关兵团红色文化的传播内容也一度被碎片化，这些具有吸引力的快餐文化虽然暂时满足了人们的好奇心，但并不能让大家掌握系统的知识并对其进行深入研究，长此以往就会消磨人们的意志，消耗大家的时间，降低人们的主观能动性，使人们遇到问题时不再喜欢或习惯去深入思考。同时，碎片化的信息会降低人们对兵团红色文化的全面、系统的认识，会降低大家对兵团红色文化的认知认同，进一步影响着兵团红色文化的传承与发展。

第三，受众易受困于“信息茧房”。“信息茧房”指人们关注的信息领域会习惯性地被自己的兴趣爱好所引导，从而将自己的生活桎梏于像蚕茧一般的茧房中的现象。在大数据时代，互联网通过“记忆功能”将人们浏览过的信息进行总结归纳，进而做出数据分析。当前较为常见的两种信息推算方式是基于内容的算法和基于协同过滤的算法。基于内容的算法指将同一客户浏览过的所有信息利用大数据的分析功能进行分类总结，进而精准推送同类型的内容，这种算法紧贴客户的兴趣爱好，用户关注的、喜爱的同类型内容会被重点推送，但是久而久之会造成用户无法接触其他方面的信息，接收到的信息同质化现象严重；基于协同过滤的算法是指互联网利用大数据划分兴趣相投的、经验相似的群体，将他们共同关注和偏爱的信息互相推送，最终获得的依旧是符合用户口味的信息内容。这两种算法方式最终的结果和目标都具有一致性，都会不可避免地陷入接收到的内容同质化严重的陷阱，使受众长时间沉浸于自己的兴趣圈，认为自己看到的、听到的就是所有的和普遍的，并且不再愿意去了解其他方面的文化信息，最终可能会走向偏执，受困于网络和自己主观意愿搭建的“信息茧房”。接收信息的窄化会导致受众认知的狭隘，面对多元的文化信息缺乏主动吸收的动力和兴趣，使红色文化的传承与发展受到了一定的阻力。

第六章　兵团红色文化传承与发展的成绩和问题

第一节　兵团红色文化传承与发展取得的重要成绩

近年来，党和国家高度重视红色基因的传承发展工作，兵团坚持贯彻落实党和国家关于红色文化传承发展的各项方针政策，红色文化传承与发展工作过程中取得了一定的成就，红色文化资源在不同层面、不同领域都得到不同程度的保护和利用。

一、兵团红色文化事业逐步推进

近年来，国家制定出台了相应的法律法规以求提高对红色文化资源的保护和利用率，兵团也结合自身实际印发了关于兵团红色文化资源保护发展的政策文件，如 2016 年兵团办公厅印发《兵团关于进一步加强文物工作的实施意见》，2022 年 9 月，兵团党委办公厅、兵团办公厅印发《关于在城乡建设中加强历史文化保护传承的实施意见》，对兵团红色文化资源的传承与发展工作指明了方向。随着党和国家对打造红色文化场馆工作的高度重视，兵团各师市、团场（镇）、连队也结合当地具体实际相继建设了一批博物馆、纪念馆、文化馆、团史馆、连史馆等承载兵团文化基因的馆类场所，开发了一批具有兵团特色的红色爱国主义教育基地，遗址遗物也得到不同程度的保护。数据显示，截至 2019 年底，兵团共有 89 个博物馆、团史馆等教育基地，542 处不可移动文物遗址[1]；如，2004 年，石河子军垦博物馆在军垦第一楼的基础上进行了扩建，现为新疆兵团军垦博物馆。新疆兵团军垦博物馆是一座反映军垦历史的博物馆，位于八师石河子市北三路，是国家 4A 级旅游景区。博物馆由序厅、基本陈列、虚拟现实多媒体播放厅、半景画四大部分组成，再现了兵团创建、发展的全过程。六师五家渠市将军纪念馆共分为将星璀璨、名垂青史；红色之旅、将军摇篮；金戈铁马、挥师新疆；屯垦成边、奠基伟业；不忘初心、砥砺前进；牢记使命、实现梦想 6 个部分以及兵团丝绸之路文化产业园展示厅。

为加大红色资源保护力度，兵团坚持抢救性和预防性保护并重，2019 年至 2021 年，投入文物保护专项资金 5954 万

[1] 赵珺 . 追寻，踏着红色的足迹 [N]. 兵团日报，2020-10-01（04）.

元，在 10 个被列入革命文物保护利用片区的师团，组织实施 16 个革命文物保护项目，有效改善了革命文物的保存状况。革命文物不仅为中华优秀传统文化的传承提供了丰厚物质资源，还为社会主义核心价值观的塑造提供了丰富精神滋养。2022 年，为加大革命文物保护力度，兵团文化体育广电和旅游局对全兵团文物进行登记、排查、梳理及存档，初步建立了文物资源数据库，做到家底清、现状明。2022 年，兵团争取国家文物保护专项资金、中央补助地方公共文化服务体系建设专项资金 2439.73 万元，组织实施一师五团玉尔滚军垦旧址安防工程、六师五家渠市军垦博物馆可移动文物预防性保护项目等 11 个文保项目；组织开展兵团第二批革命文物名录公布、第三批兵团级文物保护单位申报评定工作，文物保护利用各项工作取得了新成绩，实现了新突破。

二、兵团红色文化产业蓬勃发展

随着红色文化的繁荣发展，红色文化产业逐步成为一个新的经济增长点，兵团将红色文化和旅游相结合，红色文化产业也得到了蓬勃发展。近些年，兵团印发了《新疆生产建设兵团贯彻〈国务院办公厅关于进一步激发文化和旅游消费潜力的意见〉的实施意见》和《新疆生产建设兵团旅游品牌创建奖补暂行办法》，带动旅游投资高潮形成。目前，兵团已经初步形成了“一核一圈两带七区多点”的红色旅游资源体系，一核即以石河子市为核心，一圈即环塔里木屯垦文化旅游圈，打造以屯垦文化、中原文化、边疆文化为主，以大漠绿洲生态体验为辅的屯垦旅游目的地体系。两带即“天山北坡屯垦文化体验带”和“沿边边境屯垦文化体验带”。七区即列入全国红色旅游经典景区名录的7家景区（点），包括阿拉尔市三五九旅屯垦纪念馆、五家渠市军垦博物馆、石河子市的兵团军垦博物馆、周恩来总理纪念馆、一四七团小李庄军垦旧址、一八五团卫国戍边红色景区、四十七团中国人民解放军进军和田纪念馆。

兵团各师市发挥当地红色文化资源的优势，促进了当地旅游产业的发展，如第六师五家渠市立足自身独特资源，加快文旅融合发展，做大做靓“红色文化名城、绿色生态家园”两张名片，形成以将军府、将军纪念馆等为核心，兵团知青纪念馆、亮剑团史馆、一〇二团团史馆等为辐射和支撑的红色旅游发展格局，打造学生研学、干部教育、党建团建等特色文旅产品，以发挥好红色资源育人育心的作用；石河子市致力于打造“共和国军垦第一城”“新疆红色旅游首选地”，积极策划精品旅游线路，推动师市文化旅游产业发展。其中重点红色旅游景区有：兵团军垦博物馆（4A级）、周恩来总理纪念馆（2A级）、艾青诗歌馆（3A级）、军垦第一连（2A级）、小李庄（重点文物保护单位）、广场群雕（第一犁、第一井、戈壁母亲等雕塑）、西工业园区（八一记忆产业园）、各团场老建筑等。据不完全统计，截至2022年，兵团已经初步形成了以7家全国经典红色旅游景区为核心，11家国家A级红色旅游景区为骨干，56处师（团）史陈列馆、爱国主义教育基地等红色旅游吸引物为基础的资源体系。

“十三五”期间，兵团广大文艺工作者积极响应号召，深入基层、扎根人民，创作了一大批深化改革、民族团结、援疆等题材的优秀作品。谋划实施了文化润疆重点项目“红色石城·艺展岁月——兵团红色文化传承剧目创作”，由大型文旅情景剧《燃情岁月》、歌舞剧《沉默的树》和话剧《军垦战士》剧目组成。越来越多的红色文化精品不断涌现，这些作品集思想性、艺术性、观赏性于一体，是对红色文艺经典再创作再传播的成功范例，既有效弘扬了社会正能量，又推进了文化的多样性发展，为红色文化价值的实现提供了大量丰富的素材，成为红色文化价值实现的有效载体。

兵团作家丰收的报告文学《西长城——新疆兵团一甲子》获第七届鲁迅文学奖，兵团杂技团杂技剧《楼兰寻梦》、兵团歌舞剧团大型原创舞剧《戈壁青春》等国家艺术基金支持剧目成功上演，秦剧《昆仑山下的承诺》获第六届秦腔艺术节优秀剧目奖，豫剧《戈壁母亲》入围第十二届中国艺术节文华奖，歌曲《屯垦爹娘》获第十三届全国精神文明建设“五个一工程”奖……一系列反映兵团屯垦戍边历史、饱含兵团精神的红色文艺作品，扩大了兵团文艺作品的影响力，激励着兵团干部职工群众不断努力开创兵团事业发展新局面。

36 集电视连续剧《化剑》在央视及省级卫视播出后反响强烈，40 集电视连续剧《大牧歌》在央视播出，48 集电视连续剧《花儿与远方》在各卫视播出，26 集电视连续剧《沙海老兵》在央视一套播出，30 集电视连续剧《花开时节》在央视播出……一系列政策助推了精品创作结出累累硕果，促进兵团题材优秀影视作品进入创作丰收期。近年来，兵团电影艺术创作从无到有、从起步到发展，开始走向市场。其中，《无罪》获第五十届休斯敦国际电影节“白金雷米奖”，《阿拉尔·我和你》《图木舒克》《这个冬天不太冷》《进军和田》等完成拍摄并进入院线上映，一批优秀微电影作品传承发扬了兵团精神，得到市场的认可，实现社会效益和经济效益双丰收。

三、兵团红色文化教育有序开展

教育是推动人类进步的重要途径，亦为推动社会进步的重要基石。当前，兵团部分中小学及高校已陆续将红色文化教育纳入思政课堂的重要学习内容，通过创新教学手段、增添教学内容的吸引力、丰富教学形式等多种方式，不断增强学生对兵团红色文化的认同，并取得了一定的成绩。

如，兵团第九师职业技术学校将第九师红色文化融入思政课程和思政课程教育教学各领域，把传承兵团精神、胡杨精神和老兵精神纳入师生日常教育之中，组织学生参观魏德友爱国主义教育基地、孙龙珍屯垦戍边陈列馆、团史馆，开展寻访老军垦、兵一代活动，观看专题片《军垦忠魂》，深入了解老一辈兵团人扎根边疆、建设兵团的感人故事，增强他们对兵团第九师历史的认知。让学生通过阅读《时代楷模——魏德友》，观看“七一勋章”获得者、兵团精神的典型代表、第九师一六一团退休职工魏德友的原型电影《守边人》，与魏德友同升一面国旗、面对面交流等一系列活动，学习魏德友用实际行动践行对党忠诚的誓言。学校还组织学生到小白杨哨所开展“聆听红色故事、传承革命精神”主题教育活动，激励和引导学生传承兵团精神，奉献兵团、扎根兵团。石河子大学以胡杨精神、兵团精神育人作为学校的办学特色和使命，将红色文化融入大学生教育教学全过程。在新生入学教育中组织学生参观军垦第一连、新疆兵团军垦博物馆、周总理纪念碑等爱国主义教育基地，引导学生认识兵团；

紧紧围绕区域特色，常态化开展“与信仰对话”“奋斗的青春最美丽”“寻访沙海老兵”“兵团精神育人——名师思政导航”等活动，引导学生认知兵团；组织百余支实践团队赴兵团基层开展社会实践活动，千余名学生走进兵团各农牧团场，引导学生感受兵团；开展线上基层就业服务月主题活动，讲好基层就业典型事迹，用胡杨精神、兵团精神感召青年学子扎根边疆，建设边疆。[1] 七师一二四团机关工委、总工会组织开展以“传承红色基因　培育兵团新人”为主题的爱国主义教育进校园活动，邀请老党员汪如计、退休老教师文建荣通过直播和现场互动等方式为900余名学生讲述老一辈兵团人屯垦戍边的故事。一四一团中学开展红色课程教育活动，安排专职教师为全校师生讲授《信念铸忠魂》《在希望的田野上》《传承红色基因 弘扬奋斗精神》《一粒红色的种子》一系列红色教育专题讲座。三师四十一团红军小学以四十一团红军小学红色文化为土壤，让红军小学红色文化教育基地最大效能地讲好红色故事。通过开展“奋进新征程，建功新时代，争做时代好少年”“听党话、跟党走、颂党恩，争做小小红星”“传承红色基因、赓续红色血脉、争做红色继承人”“不忘兵团精神初心，牢记屯垦戍边使命，做真善美的草湖学子”等主题教育，充分将独特红色文化融入中小学生教育教学全过程。通过开发校本课程，编写校级红色校本课程，开展红色故事演讲课、红色电影观看课、红色文化解说课、红色圣地研学课、红色歌曲演唱课、红色书籍阅读课，学生时时受

[1] 赵珺．以兵团精神育人 为维稳戍边服务 [N]. 兵团日报，2021-06-14（04）．

熏陶、处处受感染，在潜移默化中接受红色教育，为思想灵魂不断注入“红色基因”。

除了传统的课堂教学，微党课也为兵团红色文化的传承发挥了很大的作用。2021年党史学习教育启动以来，十一师建咨集团党委创新开展“微党课”活动，运用红色资源创新教育载体，构建起党员自我教育、自我提高新平台；党史学习教育开展以来，兵团开放大学已连续举办三届微党课大赛，并在微信公众号等平台进行精品微党课展播；在二十大召开之际，兵团党委组织部、宣传部、直属机关工委联合制作了“喜迎二十大，建功新时代”——《兵团精神》专题党课于兵团卫视频道播放，受到了职工群众广泛的欢迎。微党课走出校园，走入社区、农田、车间、红色场馆等各个地方，真正实现了红色文化飞入寻常百姓家。微党课与思政课交相呼应，相互配合，奏出交响乐，打出“组合拳”，共同为新时代兵团红色文化的传承与发展发挥了重大作用。

第二节　兵团红色文化传承与发展存在的突出问题

问题是事物矛盾的表现形式，毛泽东同志曾经说过，“哪里有没有解决的矛盾，哪里就有问题”[1]，而坚持问题导向也是马克思主义理论的重要观点，因此，研究问题的存在对推进社会发展具有重要意义。目前，兵团红色文化的传承与发展工作已取得了一定的成绩，红色文化的价值也不断凸显，但在传承与发展过程中还存在一些现实问题需要改进。

一、兵团红色文化资源开发、保护力度不够

兵团红色文化作为一种重要的社会文化资源，引起了兵团党委和社会各界的高度重视。但在兵团红色文化的传承与发展过程中还存在着对红色资源挖掘不深、保护力度不够的问题，具体表现如下：

[1] 毛泽东选集：第 3 卷 [M]. 北京：人民出版社，1991：839.

（一）兵团红色文化资源的保护力度不够

红色文化资源的保护是红色文化资源开发时要遵循的原则，也是文化资源利用的前提。习近平总书记于2021年在十九届中共中央政治局第三十一次集体学习时讲到："要用心用情用力保护好、管理好、运用好红色资源。要深入开展红色资源专项调查，加强科学保护。"[1] 对兵团红色文化资源的保护是兵团红色文化传承与发展的重要前提。

兵团下辖的师市红色文化资源丰富，厂房、学校、办公旧址、地窝子、大渠等遗址遗迹遍布全疆各地，分布广泛、形式多样，但是由于兵团各师市较为分散，大部分辖区都处于偏远地区，自然条件和经济条件较为落后，在响应党和国家对红色文化资源保护的号召后，各地均开展了红色文化资源的开发和保护工作，但受一些条件的限制，一些遗址遗迹仍处于尚未开发或半开发的状态。总结归纳，兵团红色文化资源的保护力度不足主要有以下几种情况：

第一，受自然环境的影响，红色文化资源受到损害。新疆深居内陆，远离海洋，属于温带大陆气候，冬季寒冷，夏季炎热，常年降水量少，同时新疆生态环境相对恶劣，古尔班通古特沙漠和塔克拉玛干沙漠横亘天山南北，边境地区高寒多虫，兵团下辖师市尤其是南疆师市和边境师市红色文化资源受自然环境影响更易受到损坏，如一些年久失修的地窝子早已坍塌，而维修起来成本较大，费时费力。

---

[1] 习近平：用好红色资源赓续红色血脉 努力创造无愧于历史和人民的新业绩 [N]. 人民日报，2021-06-27（01）.

第二，在保护过程中文化资源遭到破坏。随着大家对红色文化资源保护意识的增强，红色文化资源的开发保护工作也在逐步推进。但由于缺乏文物保护专业人员的指导，此项工作在部分师市开展得并不顺利。由于承担此项工作任务的责任主体往往是机关某部门，并非文物保护、修复的专业人士，因此，对文物修复的关键技术和核心要素没有完全掌握，致使文物在开发的过程中受到不同程度的损害。

第三，在城乡开发建设过程中，红色文化资源受到损害。改革开放后，兵团也顺应时代的潮流抓住发展机遇，加快了城市化发展速度，然而在这一历史进程中也激发了城市建设和红色文化资源保护之间的矛盾。在社会主义市场经济发展之初，由于没有很好地处理好红色文化发展和经济发展之间的关系，使得兵团部分师市及团场、连队在大力发展经济、进行经济建设的过程中破坏了红色遗址遗迹，很多革命文物也因而丢失，无处可寻。

（二）兵团红色文化的资源整合力度不够

经济社会的发展取决于各要素之间的相互影响和有机结合，各种资源只有相互协作、有机整合才能充分发挥其价值和意义，达到整体效能最大化。受交通条件和经济文化发展水平差异的制约，各地对红色资源的分布、存量等情况缺乏整体的把握，对红色文化资源的潜在性缺乏相应的科学技术指导，造成了一部分资源的闲置和浪费，需要对红色文化资源进行进一步优化和整合。

第一，兵团各师市间的红色文化资源整合力度不够。兵团辖区较为分散，十四个师市遍布天山南北。因而兵团红色文化资源的分布也较为分散，各地在进行红色文化资源开发、利用的过程中也是各自为政，缺乏科学的规划，缺少全局眼光和全局意识，未将自身文化资源的发展置于兵团及自治区乃至全国的文化资源开发利用的全局下考虑。各师市相对独立，红色文化资源跨区域之间缺乏统一整合。有些师市、团场在开发利用红色文化资源时单纯地将红色文化资源作为旅游资源或者历史文化资源，不能充分发挥红色文化资源的合力。而且各地的红色文化资源缺少鲜明的特色，没有独特之处和差异化，有的甚至相互模仿，存在严重的同质化现象。只进行了千篇一律的表面性拓展，缺乏对潜在文化资源的深入挖掘，在打造独具特色的红色文化精品和具有较强影响力的红色文化品牌方面各地域间存在较大的差异。

第二，兵团和地方的文化红色文化资源整合力度不够。兵团和地方互嵌式的结构支撑着新疆社会的繁荣发展。但当前兵团和地方间未利用耕地、天然草场、天然林地等确权勘界工作争议较大。兵地间的红色文化资源也无法统筹规划，资源整合力度不足。同时，兵团和地方之间的大型基础设施没有完全实现“共建”，因此，在对红色文化资源进行开发建设时出现了很大的区域壁垒，道路、供热、供水等问题都成为阻碍红色文化资源发展的重要方面，由此可见，兵地融合工作还有很大的进步空间。

第三，兵团辖区同一区域的红色文化资源整合不够。兵团各师都拥有较为丰富的红色文化资源，但各师市进行文化资源开发过程中缺少系统性和连贯性。不同点位的红色文化资源独立开发，未将点连线成面进行综合开发和利用。因此，红色文化资源在进行开发时缺乏系统性和完整性，在一定程度上也会造成资源的浪费，致使综合效益较低。

第四，兵团红色文化资源的产业链整合力度不够。兵团除了拥有大量的红色文化资源，其他资源也十分丰富。但兵团红色文化资源在开发利用的过程中产业链整合度不高，农业、服务业、手工业、旅游业等产业相对独立，未同红色文化产业进行有效融合，也缺乏相应的宣传机制，导致尚未形成成熟的红色文化品牌。如部分兵团红色旅游景区的餐饮、住宿等配套服务跟不上，导致旅客的旅行感受未能达到最佳；兵团红色文化产业未能与兵团传统手工业相结合，如在制作红色旅游产品时，可以将红色文化元素融入传统手工制作，使产品效益达到最大化。将兵团红色文化资源与各种其他产业或资源进行有机整合，来拓展和完善兵团红色文化的外延和价值。

第五，兵团红色文化资源与自然资源一体化开发利用不够。部分红色旅游景区在进行开发建设时缺乏系统规划，在进行景观设计时随意性较强，对周边自然资源的利用率不高，出现景区的基础设施、建筑风格等与周边建筑风格不相适应的现象。

第六，对兵团红色非物质文化资源的开发和利用度不高。当前兵团将红色文化资源的开发、保护和利用的重点放在了遗址、遗迹、旧居、旧址等物质形态的红色文化资源上，但对本辖区的红色非物质文化资源的开发、利用和保护的程度相对较低，对一些红色歌曲、红色文学作品的学习和宣传度较低。

（三）形式主义作风制约了兵团红色文化的传承与发展

马克思主义哲学告诉我们，任何事物都是内容与形式的有机结合和统一，内容和形式相互作用、相互影响、密不可分，内容起决定性作用，形式又是内容的有益补充。兵团红色文化的传承与发展是一项系统性的、实质性的工程，若要将传承与发展效果达到最佳，必须将具体的工作落到实处。但是在开展实际工作中，却出现了形式主义作风，导致红色文化的传播工作像一阵风，吹过即散。

第一，在规划和建设各类红色文化场馆时，存在只注重形象的打造和外在符号的表达，忽视红色文化的精神内涵和内在的思想价值与意义的现象。对红色文化资源只见“利用”，不见“弘扬”；只见场馆建设，不见精神传承；只见物化形式，不见内在思想。组织开展兵团红色文化教育时只局限于红色文化的物质形态，而忽略红色文化精神价值的提炼与升华，过于关注形式方法甚至追求和崇尚形式主义。

第二，在开展兵团红色文化教育中存在重组织轻活动、重形式轻内容、重活动宣传轻活动教育的现象。如，部分党组织借主题党日等活动前往博物馆、爱国主义教育基地等景点进行现场教学，到达现场后采取走马观花式的浏览参观，以拍照打卡存档为目的草草结束了整场活动，没有对红色文物背后的红色精神进行深入思考；部分的红色文化教育者和宣传者自身知识储备不足，或并未认真研究或了解兵团红色文化的重要价值，在教育和传播的过程中照本宣科，机械地完成工作任务；有些单位仅仅就开展了几次活动，邀请了几位专家，举办了几场报告会等简单的量化指标作为衡量和考察红色文化价值实现的标准，完全陷入形式主义的怪圈和漩涡中。这种流于表面、陷入肤浅的虚假思路和形式主义严重制约了红色文化本应彰显的正向激励作用和积极引领价值。

二、兵团红色文化传播影响力不足

文化创造后必经文化传播的过程，文化传播力在一定程度上决定着文化的影响力，因此，文化传播也是文化认同的前提，文化只有在传播中才能传承、发展，兵团红色文化传播出现了很多的新特点，同时也暴露出一些新问题和新矛盾，使得兵团红色文化在传承与发展过程中遇到了一些难题。

（一）兵团红色文化传播主体的自觉性有待提高

兵团红色文化的传播主体泛指兵团红色文化的传承者，同时也是兵团精神的践行者，政府机关、干部职工、媒体机构、社会组织等均属于传播主体的范畴。在文化的传播过程中，传播主体的主观能动性起着主导性作用，他们对兵团红色文化的认同意识、传播意识等直接决定着传播效果，首要理清“靠谁来传播”的问题。

传播主体首先要对兵团红色文化信息进行整理、分析和加工，再选取恰当的传播方式和媒介进行传递，使传播对象顺利、有效地接收到传播内容，达成双向互动。在兵团红色文化的传承与发展过程中，传播主体的传播意识较之以往有明显提升，并在一些方面取得了突破性进展和重要成绩，但在部分部门和干部职工身上存在重视程度不够等问题。

第一，在兵团红色文化的传承与发展工作中，部分师市的传播主体认知存在一定偏差，将此工作单纯地当作一项政治任务去完成，没有充分认识红色文化的价值以及保护红色文化资源的重要性。可想而知，若师市的顶层设计没有做好，在开展此项工作时缺乏科学理论的指导，接下来红色文化的传播工作过程中的问题将会层出不穷，如出现传播内容同质化严重、传播方式单一等问题，最终导致红色文化的传播效果不佳。

第二，传播主体之间缺乏联动机制。政府机关、社会群团组织等单位间应建立起互通互联的协调机制。政府机关做顶层设计和整体布局，规划时间表并做好设计图，起到宏观调控的作用；各级学校开设的红色文化课程直接影响到传播效果；大众传媒不受时间、空间的限制，传播范围广；社会群团组织分众化特点显著。但在现实生活中，政府对红色文化传承和保护工作的宏观调控作用还有待提高；学校重学科知识的教学，轻思想政治教育，红色文化融入课堂教学的力度不够，教师对兵团红色文化的专业知识掌握不足；大众传媒传播红色文化的频率不高，传播的自觉性不强；社会群团组织对兵团红色文化的内涵了解不足、兴趣不高、传承意识不强；干部职工对兵团发展史掌握不足，对兵团的职责使命认识不清，对兵团事业的发展认同不强。传播主体间尚未形成有效的联动机制，未对兵团红色文化的传承发展工作进行协调沟通、形成合作、构建优势互补的发展格局，传播效果大打折扣。围绕兵团红色文化精心打造的特色博物馆、纪念馆，挖掘的革命文物、遗址遗迹、英雄人物、感人事迹，开发的红色精品旅游路线，创作的特色红色文创产品等都需要传播主体合力推广，以此达到传播效果最大化，但由于缺乏科学谋划和有序推广使得兵团红色文化的传播效率不高，群众获取信息渠道窄，这些都严重制约了兵团红色文化的传承与发展进程。

（二）兵团红色文化传播内容的吸引力不足

传播内容是传播过程的重要核心，是传播主体想要表达和传递的中心内容，主要解决具体要“传播什么”的问题。兵团红色文化的传播内容也是其价值和本质所在。传播内容的质量决定着传播效果和育人效果，提高兵团红色文化传播内容的质量是传承与发展兵团红色文化的重要抓手。而当下兵团红色文化在内容呈现的过程中，出现了内容吸引力不足的问题：一种是呈现的内容刻板、无趣，只是照着史料、书本上的内容进行复刻描述，以第三人称陈述事实的方式进行内容呈现，属于机械化操作，对细节把握不准，对内涵挖掘不深，创新性不足，使群众在接收文化信息时提不起兴趣，也无法留下深刻印象；另一种是完全不尊重史实，对历史事实进行夸大和改编，对真实事件进行改动与删减，将信息碎片化，让对兵团红色文化有研究的人对此表示怀疑，一时分不清何为事实何为虚构，削弱了受众对其所表现的兴趣。

（三）兵团红色文化传播方式有待拓展

传播媒介是文化传播的重要桥梁，解决的是“用什么传播”的问题。当前，兵团红色文化的传播是以传统媒介为主，辅之以新兴媒体的传播，但在实际操作过程中，新兴媒体在传播过程中优势发挥还不够充分，兵团红色文化在传播过程中，传播方式还有待拓展。

第一，传统媒体主要以电视、报纸等方式进行传播，难以吸引群众尤其是年轻群体对兵团红色文化的关注。新兴媒介主要以线上传播为主，但目前在使用新兴媒介进行兵团红色文化传播的过程中，观看率和点赞量同样不高，无法获取一批黏度较高的“粉丝”，也影响了兵团红色文化的传承与发展效果。除此之外，兵团尚未建立完备的红色文化资源数据库。同时，兵团辖区除了几个知名度较大、规模较高的博物馆、纪念馆等具有网上展馆的功能，其他场馆仅能实地参观，致使兵团红色文化的传播效果无法大幅度提高，而传播主体运用新媒体进行文化传播的能力还有待于进一步加强和提升。

第二，兵团各师市红色文化特色不突出，主题和重点不凸显。由于历史原因，兵团下辖的十四个师市均有丰富的红色文化资源，但是各师市在对其本辖区的红色文化资源进行传播的过程中，并未将红色文化资源结合本师市的地域特色或自然资源特色来进行差异化的宣传，出现在新闻稿中的宣传标语大都千篇一律，而“军垦名城”则是所有师市共同追求的目标，在打造过程中，各师市只是对此名称进行稍作变动，让文化传播的客体一时分不清各师市的独有特色。

第三，兵团红色文化在传播过程中，文化展示方式较为单一，缺乏创新性。科学的规划加之对艺术分寸的正确把握能够彰显文物的表现力。目前，兵团各师市重点打造的规模较大的博物馆、纪念馆在文物陈设的方式上已逐步规范化、科学化、艺术化、现代化、科技化，然而大部分团场、连队建设的红色馆类场所中的文物陈设缺乏科学指导和系统规划，文物仅仅是被置于陈设柜中，缺乏趣味，也降低了对参观者的吸引力。其次，在对先进事迹和先进英模进行宣传时，也主要采取传统的口头讲述和录制视频后进行视频播放的方式加以呈现，缺乏创新性。

三、对兵团红色文化认同感有待提高

认同，指体认与模仿他人或团体之态度行为，使其成为个人人格中的一个部分的心理历程。兵团红色文化认同是指人们在心理、思想等方面对兵团红色文化价值的肯定，对兵团事业的肯定。兵团红色文化只有被大众所接受、认同，其传承与发展工作才后继有人，其强大生命力才能被激活、延续及发展，兵团文化自信也在此基础上得以建立。然而，当前群众对兵团红色文化的认同感还有待提高，在某种程度上可以说当今社会对兵团红色文化存在一定的认同危机。

（一）对兵团红色文化的认知不足

认知是认同的前提和基础，若要形成对某种文化的认同，首先要充分了解其概念、定义、理念以及其包含的一切正确内容，在此基础上进行分析、判断后和自己已有的知识背景和价值观念形成连接，才能进一步形成文化认同。若在文化认知过程中出现对文化的基本概念、内涵掌握不清，掌握了一些错误信息，或者把握不准文化发展规律等，都有可能影响到对文化的认同。而文化的认同又制约着文化的认知，若认知主体无法对某种文化形成文化认同，那么认知主体就可能产生排斥或否定心理，进而影响到进一步了解或研究此文化现象的兴趣。实现兵团红色文化的传承与发展，文化认同是关键，而实现对兵团红色文化的传承与发展，首先认知主体要理清兵团红色文化的概念、内涵，把握兵团红色文化的价值、特征等基本内容，但当下无论是兵团干部还是广大职工群众都存在对兵团红色文化认识模糊的情况，认同感也有待提高。

第一，青少年群体对兵团红色文化的认知不足。邓小平同志曾说过“教育要从娃娃抓起”。当然，红色教育也是。青少年则是兵团红色文化的主要传承者，也是兵团事业未来发展的希望。当前义务教育阶段的学科体系中并未涉及红色文化的内容，在语文课文、思政课的课外延伸部分会涉及少许相关内容，但这对教师的专业能力素养要求较高，需要教师结合兵团历史及兵团红色文化的价值去引导学生思考，提高学生对兵团红色文化价值的认知能力；兵团部分学校自行编制了红色文化教育的校本教材、开设了校本课程、举办了一些相关的主题活动，但也只占少数，这导致青少年对兵团红色文化认知度较低；同时兵团高校推动红色文化融入思政课堂的力度也有待进一步提高。

第二，社会群体对兵团红色文化的认知不足。社会层面对兵团红色文化的认知往往通过电视、网络、广播、报纸以及老一辈的口述讲解等方式获得，而他们接触到的信息往往是片面的、碎片化的、浮于表面的，对一些英雄人物和英雄事迹也处于一知半解的状态，对兵团的内涵是什么、兵团是什么、兵团事业的发展是为了什么等问题也处于认知模糊的状态，无法形成文化认同。例如，社会上出现“兵团无用论”“兵团消亡论”等消极言论，这便是对兵团红色文化的不自信，对兵团事业的不自信，在社会层面造成了负面影响。

（二）对兵团红色文化的情感认同不足

对兵团红色文化的情感认同，就是从感情上客观、积极地体悟兵团红色文化的深刻内涵、发展脉络、重要价值等，自觉衷心地做兵团红色文化的传播者、传承者和兵团精神的积极践行者。情感认同，首先建立在对兵团近七十年的屯垦戍边实践中对新疆社会发展作出积极贡献的基础上，在特定的时代背景和历史条件下，人民解放军进军新疆，就地转业组建兵团，在党的坚强领导下，兵团人艰苦创业、开拓进取，带动新疆的政治、经济文化等各方面都取得了巨大的进步；情感认同还建立在对兵团在维护国家安全和民族团结方面作出的巨大贡献，在国防安全屡次受到威胁时，兵团人冲锋在前，对国家安全和新疆社会稳定发挥积极作用。然而随着老一辈的兵一代、兵二代退休，兵三代因求学或外出工作等原因离开兵团，兵团红色文化的传承主体发生了变化，二十世纪九十年代疆外务工人员进入兵团成为团场职工，五湖四海的青年来到兵团机关工作，他们成为新一代的兵团人，也成了兵团红色文化的主要传承者，但是未亲身经历社会主义革命建设的新一代兵团人，对兵团的一切都不够了解，并未能从内心深处感受到兵团历史的厚重和兵团事业发展的不易，受社会主义市场经济的影响，新一代的兵团人更注重追逐和实现个人利益，受个人主义、物质主义影响较多，以上种种原因导致对兵团红色文化的情感认同不足。

（三）对兵团红色文化意识认同薄弱

意识认同是指内心深处对兵团红色文化的认同，对其评价呈积极的、正面的、肯定的、赞许的。意识认同是对认知认同及情感认同的升华，是由表面的、感性的认识到理性认识的转变。对于兵团红色文化的接收者来说，认知认同和情感认同都不足以让其转变为坚定的信仰，而意识信仰能为他们带来巨大的能量。新兴媒体的发展在为我们带来丰富的信息内容时，也对兵团红色文化的传承与发展带来巨大的冲击。网络上纷繁复杂的各种信息迷惑着人们的双眼，消磨着人们的意志，消解着人们的时间，而以红色文化为主题的文化内容受人们的关注度相对较低。在此背景下历史虚无主义、拜金主义等错误思潮趁虚而入，西方敌对势力也利用网络平台散布一些诋毁我国制度、批判我国文化等方面的不实言论，争夺意识形态领域的网络阵地，个别知识背景较浅、三观不健全的网民受到不良信息的引导也会出现错误思想，常常会用消极的、悲观的、抵触的态度来对待兵团红色文化；同时中国有 14 亿多人口，截至 2022 年 6 月，中国网民人口规模已超过 10.5 亿，一些人喜爱在网络中畅游，却忽视了对专业知识和系统知识的学习，无法正确判断兵团红色文化相关的信息，从而导致对兵团红色文化意识认同的薄弱。

（四）对兵团红色文化行为认同动力不足

对兵团红色文化的行为认同就是主动将从兵团红色文化中汲取的精神力量投入到日常生活和具体实践中去。兵团红色文化的生命力在于激发人们对其产生的内在认同，将其化作自己在日常生活中的行为准则和追求目标。当前红色文化既是显性的又是隐性的。显性的是指客观存在的物态红色文化资源，隐性的是指将红色文化所意蕴的理想信念、价值观念、精神力量等内化于心，指引实践。从现实来看，兵团红色文化的内涵尚未完全挖掘，群众对红色文化的理解不够深刻，只见实物不见精神，对兵团红色文化理论阐释不深，与现实生活的对接不够，对兵团军垦英模的精神品质、英雄事迹等宣传阐释力度不够，同时也容易走入极端，把军垦先辈特别是英模人物神圣化，将鲜活的人物异化为“超人”和“圣人”，致使兵团红色文化脱离实际，逐渐变得抽象和脆弱。红色文化的话语表达也更加偏重政治性，与大众文化融合不足，与群众的日常生活联系不紧密。红色文化所宣传塑造的“政治化”“英雄化”“完美化”的革命英雄，形象完美、品德高尚、事迹感人、不接地气，在一定程度上不能适应人们的现实需要。因为人们在生活中很难见到类似这样的“完美者”。由于这种榜样太过完美，已经脱离了群众和生活，缺乏代表性、可学性、效仿性和亲近性，长此以往，就会让人产生“高、大、全”的印象，使人感觉可望而不可即，甚至敬而远之，打击了人们的上进心，影响了人们对榜样的认识和态度，弱化了对榜样的信任和接受。现实生活中大多数人能够积极参与有关红色文化的相关学习，对革命先烈和英雄人物充满敬仰之情，会受到先进事迹的感染。但能真正成为行动主体时，却无法将榜样力量转化为自身的实际行动。有部分人认为红色文化是对历史的总结，在新时代的环境中已经“过时”了，没有必要开展关于历史文化的实践活动，甚至排斥红色文化的践行，究其原因，在于红色文化激励没有实现向人生价值的转化，没有形成行动的内驱力量，从而对红色文化的传承与发展带来了严重的影响。

第三节　兵团红色文化传承与发展存在问题的主要原因

人类世界的发展离不开主观原因与客观原因的共同作用，兵团红色文化传承与发展存在问题的主要成因包含主观和客观两方面的因素。深入分析这些原因，对我们采取有针对性的措施，促进兵团红色文化的传承与发展具有重要意义。

一、对兵团红色文化传承与发展工作的思想重视程度不够

思想观念是行动的先导，兵团红色文化传承与发展的实现取决于认知主体的思想重视程度，思想的解放、观念的更新都会影响到文化的传承效果。由于思想认识不充分、不到位，使得有些认知主体缺乏实现红色文化价值的高度自觉，从主观上来说并不想作为。认知主体对红色文化及其价值认识不够也从另一个角度体现了对红色文化的重要意义和价值实现的宣传不到位，没有做好对红色文化及其价值的普及和大众化，宣传缺乏细致性、深入性和创新性，推广力度亟待加强。

第一，认知主体思想认识不到位，落实力度不够。认知

主体对兵团红色文化的内涵理解不到位，没有充分认识到传承与发展兵团红色文化的重要价值。机关干部、职工群众、专家学者、红色旅游开发商、游客等不同群体对待兵团红色文化的看法和理解都各持己见。一是就普通民众来说，有些职工群众对当地红色文化资源的珍贵性和保护的重要性的认识也比较缺乏，观念陈旧，主动参与保护、开发和宣传的意识以及相关法律意识比较淡薄，不仅不支持和拥护先进的开发理念，还为了自身的利益阻碍开发，成了反对者或拆台者，导致一些红色文化资源得不到深入开发。也有一些群众由于感受不到红色文化资源带给他的获得感，往往“事不关己、高高挂起”，参与管理、宣传和保护红色文化及其价值的意愿淡漠，使命感和责任感缺失。二是就游客来说，有些游客对革命遗迹、革命文物以及革命精神等概念含混不清，对革命先烈缺乏足够的尊重，在听讲解时左顾右盼、态度极其不认真，更有甚者还存在破坏、污损遗址遗迹的恶劣行径。三是就青少年群体来说，青少年群体由于心智发育还未成熟，缺乏认知能力和辨识能力，知识结构呈现碎片化趋势。加上在多元文化的冲击下，一些不良的文化鱼龙混杂于红色文化中，导致他们只能以分散的思维，片面地理解红色文化信息，难以对红色文化进行全面的认识。对于红色文化的价值认知不足、理解不够深入，敏锐性不强，对红色文化知识的把握程度有所欠缺，主体意识出现迷失，不能自觉自主地学习红色文化和积极主动地传播传承红色文化。为了彰显个性和赚取流量和热度，有些青少年还在网络上恶搞和丑化英雄事迹和革命人物，严重冲击和影响了红色文化价值的传承拓展。四是对开发者来说，在进行红色资源开发时，一方面，开发者缺乏科学先进的开发理念，只做表面文章，仅仅将红色资源打造成普通的旅游项目；另一方面，开发者缺乏红色文化可持续发展理念，片面追求经济效益而忽视社会效益，杀鸡取卵、竭泽而渔，开发行为不规范，文化生态被破坏，造成恶性循环，影响了红色文化的可持续发展和红色资源的可持续开发利用。

第二，认知主体的综合能力有待提高。一是认知主体对理论知识学习不深。对党和国家的各项会议精神和下发的各项文件精神领悟不透，对重要领导的系列讲话学习不到位，对兵团的职责使命和兵团的战略定位认知模糊，对兵团红色文化的内涵和价值了解不够。在具体的传承工作中无法将红色文化理论阐释清楚，也无法用理论指导实际工作。如一些纪念馆、博物馆的讲解员只是机械地背诵一套讲解话术，而从未思考文物背后的价值。二是认知主体创新能力有待加强。对市场把握的意识和能力，局限于传统的方式方法，停留在表面工作、形式主义上，缺了精准性、灵活性与多样性。三是认知主体的战略协作意识淡薄，不注意加强各师市间战略协作，也不注意加强红色文化资源的开发利用和绿色生态等其他资源之间的协同发展。由于能力上存在短板，使得有些认知主体想作为也做不好。

二、兵团红色文化传承主体大量缺失

任何一种文化的传承和弘扬都需要一定的继承主体，即传承人。兵团战士、职工群众是创造兵团红色文化的主体，也是传承和弘扬兵团红色文化的主体。但是随着时间的流逝，兵团老战士、老职工离世，第二代兵团人退休离疆，第三代兵团人外出上学或工作，兵团红色文化的传承主体逐渐减少。受兵团政策的吸引，来自五湖四海的务工人员作为新一代兵团职工落户兵团，他们普遍学历不高、小农意识较强，对兵团历史、兵团文化认识不足，对兵团事业的认同感不高，对兵团职责使命认识不足、感受不深，责任意识淡化，文化自觉、自信、自强意识不够。但同时他们还“带来了一些非社会主义思想意识、价值观念和封建迷信”[1]，这些与兵团红色文化传递的价值观念相违背，青年兴则国家兴，青年强则国家强，继承主体的缺失极大地削弱了兵团红色文化的生命力。

习近平总书记说：“青春孕育无限希望，青年创造美好明天。一个民族只有寄望青春、永葆青春，才能兴旺发达。”[2]兵团红色文化的传承与发展又何尝不是呢？在新的历史阶段，履行好新的屯垦戍边使命，离不开一支高素质的职工队伍，迫切需要继承和发展兵团红色文化，打造一支用兵团精神武装起来的、适应新实践的新型职工队伍。[3]

三、兵团红色文化资源开发和保护的管理保障体系不健全

科学、健全的管理保障体系是兵团红色文化传承与发展的重要支撑。但目前来看，兵团红色文化资源的保护和利用

[1] 卢晓峰．兵团精神研究 [M]. 北京：人民出版社，2013：282.
[2] 习近平．在庆祝中国共产主义青年团成立100周年大会上的讲话 [N]. 人民日报，2022-05-11（02）.
[3] 卢晓峰．兵团精神研究 [M]. 北京：人民出版社，2013：282.

过程中，管理保障体系尚未完善。

第一，资金投入力度有待提高。由于历史原因，兵团下辖的师市嵌入式分布在新疆各地，并且大多数师市、团场（镇）都建立在自然环境恶劣、经济条件落后、交通极不便利的戈壁荒原及边境上。若要对各地遗留的红色文化资源进行开发和保护，需要大量的资金投入。对于兵团红色文化传承与发展工作，国家、自治区及兵团财政给都给予了经济拨款，但对比兵团红色文化现发展阶段面临的资金缺口，还存在很大差距。一些团场、连队在响应国家号召对当地红色文物进行收集整理，对遗址遗迹进行初步的勘探后，因为资金的短缺，无法进行到下一步的保护和修缮工作，甚至一些团史馆、连史馆建立后开放没多久便关闭了对外开放的大门，究其原因是资金短缺导致馆内设施和展陈内容无法更新，无法聘请专业人员来进行管理。而因资金的短缺兵团红色旅游业的发展也会相应受到影响，目前兵团旅游业的开发主要还是靠政府牵动，社会参与投资力量不足，一些红色景区的交通极为不便，内部设施较为陈旧，辖区内很多红色旅游景区只提供单纯的文化功能，停车、食宿、娱乐等项目都无法实现，很大程度上阻碍了红色旅游的发展。

第二，管理机制有待完善。一是兵团红色文化资源的开发、利用和保护的过程中存在多部门管理的现象，管理权限往往交叉重叠。如兵团文化体育广电和旅游局负责文物的统计、保护和红色旅游的发展，档案馆负责红色文化史料的收集整理，住房和城乡建设局重点关注城市建设过程中对文物的保护，退役军人局负责烈士陵园的管理等，但多部门共同管理往往导致在红色文化资源开发和利用的过程中出现政出多门、工作内容重复的现象，如遇问题不免会出现互相推诿的情况。二是在红色旅游发展的过程中兵团辖区一些开放的小型红色旅游景点出现无人管理、无人值班的现象，服务质量不高，同时对于红色文化景区也缺少整体的宣传规划和具体的宣传方案。

第三，专业人才队伍尚未建立。兵团红色文化的传承与保护工作需要专业的人才队伍。一是，随着信息化时代的到来，专业性和技术性是当代红色文化资源保护的显著特点，一般从业人员难以胜任技术性较强的红色文化资源的保护和修复工作。现阶段高校人才培养方案中对此专业关注度也较少，属于冷门专业，同时该行业也属于冷门行业，大家的重视程度还有待提高。二是基层专业的红色文化宣传、管理人员十分稀缺，一般都是兼职管理人员，缺乏系统的培训，专业化程度有待提高。

第四，法律法规制度不完善，执法力度有待提高。法律法规的不健全造成了红色文化资源保护积极性的缺失。一是，红色文化遗址的保护需要辅之环境保护法、知识产权法、城乡建设法、旅游法等相关法律的配套实施。现行的法律体系对有些问题的规定过于笼统和宏观，有些问题甚至尚未被涉及，例如，有不少有关红色记忆、红色人物和景点等没有被纳入法律保护的范围，造成了立法上的空白。有些阶段性、应急性的措施也缺乏应有的稳定性和连续性。二是，针对兵团红色文化资源开发保护的执法力度有待提高。相关执法主体资格也不够明确，在实际查处过度开发、违法利用或破坏红色文化遗址和革命文物时执法力度不够，未能将红色文化遗址的保护和利用纳入规范化、法制化和科学化的管理轨道，尚未形成完善可靠的红色文化传承与发展的保障机制。

四、国内外环境的变化带来的负面影响

国内外环境的不稳定性在一定程度上也为兵团红色文化的传承与发展带来了负面影响。

当前，世界正经历百年未有之大变局，我国经济正处在转变发展方式、优化经济结构、转换增长动力的攻关期。同时，人们的消费心理和消费理念也在不断变化，思想观念的差异性日益显露。一是，随着社会主义市场经济的快速发展，人们对个人利益的追求不断攀升。人们所追求的价值理念与兵团红色文化所传递的价值理念有偏差，红色文化的传承与发展受到很大影响。二是，在兵团红色文化的传承与发展过程中，出现了市场和资本的渗透。红色文化娱乐化、肤浅化的倾向违背了其传承与发展的初衷。如一些红色旅游产品的开发商为了吸引游客的注意，故意将其产品娱乐化来获取流量。个别兵团题材的电影对史实挖掘不够，内容生拉硬套，硬要采取将革命故事与爱情故事糅合的方式博得观众的眼球。三是，漠视了“意识形态问题”的重要性。部分职工对西方敌对势力精心设计的谎言和骗局缺乏甄别性和抵抗性，往往人云亦云，吸收了错误的思想观念，严重影响了群众的心理。在世界的政治经济格局发生重大调整的背景之下，中国逐步走近世界舞台的中央。中国的崛起与发展被越来越多的国家关注，并始终打开对外开放的大门，不断推动和世界各国之间的经济文化交流。在交流交往的过程中，西方好的价值理念、经验做法等被我们吸纳借鉴，随之他们的生活方式、思

想意识、道德标准等也对我国人民产生了巨大影响。西方各种错误思潮的传入严重冲击了我国社会主义核心价值观的建设，对红色文化的传承和传播带来了巨大的阻力。

第七章　兵团红色文化传承与发展的主要路径

一、加大对兵团红色文化资源的开发、保护力度

红色文化资源是兵团红色文化传承与发展过程中所使用到的鲜活“教具”，是激发群众爱党、爱兵团的热情、振奋精神力量的第一“教学现场”。无论是“静躺”在博物馆中的坎土曼（新疆少数民族的一种铁制农具），还是露天的地窝子，都写满了兵团光辉的历史，凝结着伟大的兵团精神。大力盘活、发掘和保护兵团红色文化资源，充分发挥其功能和作用，是传承与发展兵团红色文化的重要基础和前提。

（一）盘清存量，对兵团红色文化资源进行摸排

底数清才能情况明。兵团红色文化资源数量众多、遍布全疆、内涵丰富。盘清存量，对兵团红色文化资源进行全方位调查后才能开展点对点的保护和修复工作。

第一，要对兵团红色文化资源的整体分布、类型、数量等进行全面的盘点、清查、登记、备案和了解，并对收集到的文字材料、图片资料、影像资料、口述材料等进行整理归纳、有效保存和动态管理，形成一批有保存意义和研究价值的研究报告。同时要对现存文物的具体情况做全面的检查，全面摸清兵团红色文化资源的保存现状和安全隐患，对纳入保护范围的兵团红色文化遗址遗迹设置保护标志，实行挂牌管理。

第二，加大对兵团红色文化资源的研究阐释力度。无论是对物质的红色文化资源还是非物质的红色文化资源都应加强理论研究和阐释，形成文字资料。对辖区红色物质文化资源，要组织专家广泛查阅历史资料、历史图片、图纸和档案，反复论证，精心制定保护和修缮方案，尽可能完整地保留历史信息，展现历史原貌。对非物质文化遗产诸如红色精神、红色故事等要着力加强理论研究阐释，形成研究报告，可供学习参考。

第三，利用人工智能等技术将兵团红色文化进行数字化转化、存储，及时入库，建立智慧化的多媒体兵团红色文化基因资源库。中共中央办公厅、国务院办公厅先后印发的《关于实施中华优秀传统文化传承发展工程的意见》《关于推进实施国家文化数字化战略的意见》等文件，对文化数字化转化的具体工作指明了方向。传承与发展兵团红色文化要充分发挥大数据的功能和作用，及时完成红色文化资源数字转化的工作，及时建立兵团红色文化资源数据库，依据科学标准设置多个层级，对各类兵团红色文化资源进行级别评定，并加强科学监测、日常养护和精准管理。

（二）扩大增量，大力发掘隐形兵团红色文化资源

隐形兵团红色文化资源是指尚未开发或开发和利用程度不够的资源，特别是一些小型兵团红色文化资源。兵团红色文化资源在知名度和影响力上或有大小之分，但作为历史的见证者、红色精神的“活化石”，无论大小，都同样珍贵。而且小型红色资源作为身边的革命文物，无论是在物理距离还是在心理距离上都更具有亲近性，这恰是正确了解历史、深度“解码”文化的关键。但是，当前面临着大量的小型兵团红色文化资源保护不力、研究不足、宣传不够等问题，导致大量小型兵团红色文化资源未能被有效利用，如存放在档案馆内的红色文字资料，未引起足够重视的红色遗址遗迹，散落在民间的红色家书、文物、报刊、书籍、手迹、照片、宣传画、历史故事和无名烈士墓地陵园等等，都是宝贵的兵团红色文化资源。我们要在盘活存量的同时扩大增量，进一步扩充和完善兵团红色文化资源库。对现存有保护价值的兵团红色文化资源进行修葺、挂牌、立碑等方式加以有效保护，对散落在山野和荒地的烈士墓进行统一规划、整体迁移，提升革命烈士的政治地位。通过设置激励机制，广泛发动人民群众，鼓励当地民众提供线索以加速甄别，创设科学的研究与保护的众筹机制，对主动提供有价值的文物文献的民间收藏者给予一定的物质奖励和有偿补贴，让更多力量加入小型红色资源的保护中来。总之，创新思路举措，充分调动民间力量的参与，加大民间可移动革命文物征集工作力度。

（三）抢救濒临消失的兵团红色文化资源

保护是永续利用的前提，利用要在保护的前提下进行。1949年人民解放军进军新疆，转战天山南北，投入到轰轰烈烈的大生产中，留下了不计其数的宣传标语，但是由于各种因素，红色宣传标语不仅没有继续流传，反而逐渐消失。因为城乡建设的需要，一些旧址、故居被拆毁重建或移作他用，这些行为都对兵团红色文化资源造成了不同程度的损坏。具有革命和建设亲身经历的老干部、老军人有兵团红色文化资源的独特优势，一些兵团红色文化故事和史实就是从他们口中得以传播，他们的手中也留有一些革命文物，他们是兵团红色文化建设的宝库，但随着年龄的增长，这一群体的数量也在不断地减少。因此，要开展相关工作，加快对兵团老干部们口述史的整理，在兵团红色文化读物出版和发表文章方面为其提供平台和便利，或者通过制作成纪录片、舞台剧、戏曲、舞蹈、歌曲等形式展示出来，重视对兵团红色文化资源的开发利用。为了避免兵团红色文化资源严重流失现象愈演愈烈，应当科学开发和合理利用兵团红色文化资源，最大限度地发挥其潜在的价值和功能。

二、拓宽兵团红色文化的传播渠道，着力提高兵团红色文化的渗透力和影响力

兵团红色文化的传承与发展工作在文化传播的过程中得以开展，当前兵团红色文化在传播过程中遇到了一些现实困难，因此，要通过提高传播主客体的素养、拓宽传播渠道、

创新传播内容及传播方式等几个方面来解决这些问题，以求传播效果达到最佳水平。

（一）提高传播主客体的综合素养

传播主体是文化传播的发起人，也是信息加工者；传播客体是信息接收者，二者均为文化的传承者。兵团红色文化传播主体的文化层次、认知理念、价值观念等都会影响到文化的传播性质和传播效果，而同样，文化传播客体的受教育程度、知识背景等也会影响到文化的接收程度，进而也会影响到文化的传播效果。

第一，提高传播主体的综合素养。一是，传播主体要加强理论学习，提高思想认识，理清兵团红色文化的发展脉络和重要价值，率先做到文化认同。二是，兵团红色文化作为兵团的主流文化，官方要牢牢把握兵团红色文化传播的主导权，坚持党对兵团红色文化传播的主导地位，坚持用科学的理论去指导兵团红色文化的传播实践。但要切忌落入政治性思维，将其作为政务任务去完成，进而演变成为空洞的政治宣传。三是，传播主体要培养协同合作意识。兵团红色文化的传播主体主要有政府机关、学校、社会群团组织、职工干部等，在承担文化传播任务的过程中，各传播主体要充分发挥各自的比较优势，在做好本职工作的同时加强与其他传播主体间的沟通协作，实现兵团红色文化资源信息的互通和流动，形成文化传播的合力，提升兵团红色文化的传播效果。四是，传播主体要提高媒体应用能力。无论是大众媒体还是自媒体都是当今社会普遍被社会群体接受的获取信息的渠道，传播主体在进行兵团红色文化的传播过程中需要掌握相关的技能和技巧，同时要选择使用大众所喜闻乐见的传播方式和传播内容来进行传播。

第二，要提高传播客体的综合素养。文化传播的过程也是文化互动的过程，文化传播的客体也就是文化信息的接收者在兵团红色文化的传承与发展中起着举足轻重的作用，他们对传播信息的接受能力检验着文化传播的有效性。一是，在日常生活中通过社区宣传讲解等方式有意识地培养职工群众甄别信息的能力。随着信息时代的到来，几乎人人手中都拥有一部手机，无论男女老少均可通过手机媒介来享用文化快餐。但网络发布的各种信息良莠不齐，真假难辨，需要传播客体提高信息甄别能力，吸收优质文化的营养。二是，传播对象要提升担当意识和责任意识，在面对网络散布的历史虚无主义信息以及一些非法网民在网上对兵团英雄人物进行污蔑诽谤的现象要敢于发声亮剑，面对兵团事业发展不利的言语要及时制止。

（二）推动传播媒介的融合发展

文化要借助一定的传播媒介才能达到更好的传播效果。随着新兴媒体的快速发展，当今社会传播媒介种类繁多，在推动兵团红色文化的传承与发展过程中，要将多种的传播媒介进行资源整合，让不同种类的传播媒介充分发挥其各自优势，让传统媒介和新兴媒体优势互补，合力唱响红色主旋律，为兵团红色文化的传承与发展提供强大的传播力量。

第一，发挥传统主流媒体的引领力。传统主流媒体主要指以电视、广播、报纸等为主要传播渠道的媒介形式，一直以来也是传达党的方针政策、阐释理论文化的重要载体，是任何新兴媒体不可替代的重要媒介。兵团红色文化作为社会主义先进文化和社会主流文化，在传播的过程中要突出其文化的本质，坚持马克思主义的基本理念，确保方向不偏不倚。传统主流媒体在进行文化传播的过程中要注重话语体系的建设，可以借助如“一带一路”倡议提出10周年、兵团成立70周年等重要的时间节点来进行构建，对兵团红色文化的本质和价值做专业的阐释，充分发挥兵团红色文化的价值引领功能；在传统媒体的转型过程中，加大创新力度，可以通过开设特色的兵团红色文化传播栏目，着力打造传播力和影响力较大的兵团红色文化传播品牌；报刊栏目可开设兵团红色文化宣传专栏、增加兵团红色文化理论版面，让专家学者及时获得可信度高的研究材料。

第二，充分发挥新媒体的各项优势。新媒体是利用数字技术，通过计算机网络、无线通信网、卫星等渠道，以及电脑、手机、数字电视机等终端，向用户提供信息和服务的传播形态。新媒体的出现使得文化信息变得生动而立体。在使用新兴媒体进行传播时要确保传递文化信息的准确性、真实性和可靠性。在自媒体盛行的今日，人人可借助一部手机，利用微博、抖音、B站等平台进行文化创作和文化宣传，加快了传播速度，扩大了传播范围，尤其收获了一批年轻人的喜爱。拍摄红色微电影也是以一种全新的方式表现兵团红色文化内涵的重要媒介，将兵团的英雄事迹和英雄人物浓缩于5—10分钟的视频短片内，适应了社会快节奏的生活脚步，节约了时间成本，吸引了观者兴趣。如，兵团微电影作品《我是兵团人》以一师阿拉尔市为故事背景，讲述了一家三代在恶劣的自然条件下，扎根、建设于此，献了青春献终身、献了终身献子孙的感人事迹，描绘了兵团六十余年的发展历程，是对兵团精神的传承与弘扬。此作品在中国金鸡百花电影节第三届国际微电影获优秀作品奖。以兵团红色文化为主要内容的红色微电影、微视频、网络直播等，妥善地处理了虚拟环境与现实生活这对矛盾，促进二者的有机结合，使受众随时随地都可以接触兵团红色文化，进行学习探讨，传播兵团红色文化，从而增强新媒体为我所用的效果。

第三，积极推动传统媒体与新兴媒体有机融合。媒体融合是信息传输通道多元化下的创新作业模式，将传统媒体和新兴媒体的传播通道有效结合起来，实现资源共享、集中处理，衍生出不同形态的信息作品。新兴媒体与传统媒体之间的融合并非为“非此即彼”的淘汰竞争，而是在这一融合过程中不断实现二者优势的互补，并最终实现二者的有机融合。党的十八大以来，以习近平同志为核心的党中央作出推动传统媒体和新兴媒体融合发展的战略部署。一方面要捍卫传统媒体主阵地，发挥传统媒体报道的客观、真实性特点，讲好兵团故事，阐释兵团红色文化的内涵，大力弘扬兵团精神；另一方面要借助新兴媒体的优势，利用抖音、客户端、微信公众号等平台加以传播，将兵团红色文化进行全方位、立体式的宣传，推动传统媒体和新兴媒体深度融合。

（三）加大兵团红色文化传播内容与传播方式的创新力度

第一，创新传播内容。一是，我们可以通过元素重组，增加兵团红色文化的活力。我们要用发展的眼光看待兵团红色文化的传承与发展，在固有的思维基础上寻找新的突破口，探寻兵团红色文化与现代文明的融合密码，对其进行创新性的发展。在兵团现当代文化发展过程中不断吸收兵团红色文化的营养，兵团红色文化可作为创作母题，在此基础上增加创作灵感，描绘新式图案，将经典与创新相融合，带给人们不同的审美享受，增加吸引力。不同工作领域的大家们通力合作，对兵团红色文化进行重新编织，创作新作品，谱成新篇章；借助艺术的魅力和形式，着力打造出符合当代发展潮流的文化样本，吸引年轻人的眼球，使人们拥有对兵团红色文化更深层次的理解和感悟。兵团红色文化具有丰富的内涵，在传播过程中不仅要用精致的内容和形式来满足群众期待，还要通过元素重组等方式吸引群众目光，激发群众的兵团红色文化基因，强化文化认同，弘扬铸牢中华民族共同体意识的主旋律。二是，我们可以通过个性表达，增加兵团红色文化的魅力。非物质文化遗产是兵团红色文化的重要组成部分，彰显着一个民族特有的精神价值，体现了一个民族精湛的技艺以及他们具备的独特的思维方式。非物质文化遗产的产生不是在一朝一夕中完成的，而是在历史的长河中摸索完善再创造的，为现代人保留并可持续利用发展的文化遗产。兵团红色文化若能被广大群众所关注，兵团红色文化具备的特殊魅力也会被更多人感受到。当代非物质文化遗产通过在多种传播平台展现，个性化的呈现方式和表达让人们耳目一新。现阶段兵团现有国家级非遗项目 7 个、兵团级非遗项目 23 个、师市级非遗项目 40 个，逐步形成了以屯垦文学、屯垦歌谣、屯垦故事、军垦鼓艺、军垦剪纸等红色非遗为核心，以维吾尔族模制法土陶烧制技艺、哈萨克族毡绣和布绣、柯尔克孜族毡帽制作技艺等传统技艺类非遗为特色的非遗名录体系。如八师石河子市非遗传统美术作品——军垦剪纸，融合了中国各地的剪纸艺术特点，以讲述新疆生产建设兵团的历史画卷为题材，注重情感的表达，彰显了兵团红色文化的独特魅力。兵团红色文化若能通过“个性”的表达方式来突出其特有的文化魅力，那文化的浸润效果就会大大提高。

第二，创新传播方式。通过技术赋能，拓展兵团红色文化传播边界。传统的传播方式已不能满足群众的需求。以微信、微博、客户端、抖音等新兴媒体为主导的传播媒介占据了市场主流，广受人们喜爱。随着新兴媒体的出现，在一定程度上拓宽了文化传播渠道，扩大了文化传播范围。新媒介时代的到来意味着对人们使用新媒介的专业技术也有了一定的要求。充分利用 AR、VR 等新式传播媒介，让技术赋能，带来兵团红色文化的新发展，创作出容易让人们对兵团红色文化产生新的记忆点、感染力较强的作品，共建多元传播华章。加大创新力度，创新传播手段，让文化在新型传播媒介中冲破“次元壁”，跨越时空的特别体验让人们沉浸其中。在拓展了文化传播边界的同时，也增添了传播效果。跨界融合不是单纯的活动场所转移，文化空间的跨越，利用新媒介的传播优势在此基础上对兵团红色文化进行精耕细作再进行创新性的表达，同样能拓宽文化传播的边界。例如兵团红色文化中保留的经典的戏曲、红歌、文学作品等均可以通过创新传播手段实现文化间的跨界与融合。创新传播方式和传播内容能在兵团红色文化传播的过程中搜寻到真心热爱、黏度较高的“粉丝”，并对其进行点赞和传播，拓展了传播边界。

三、优化兵团红色文化认同环境，彰显兵团红色文化的亲和力和吸引力

“文化认同是最深层次的认同”[1]。要实现广大群众对兵团红色文化的认同，就需要经历理性认知、情感共鸣、意志深化、信仰坚定、行为自觉的转化过程。只有学懂弄通、情感连接，达到内心深处的认同，才能最终转化为行动上的自觉，成为兵团红色文化的信仰者和传承者以及兵团红色精神的积极践行者。

（一）转换话语体系

兵团红色文化如何才能在社会中传播出去，获取广大群众的认同？兵团红色文化的传承与发展，要在尊重其本真意蕴的前提下，结合不同语境，遵循一定的规则，使用合适的话语转换技巧，将理论化的、抽象化的、有距离感的内容化为具体的、接地气的、有亲和力的，能让人听得懂、看得明、让人能够接纳的内容，真正发挥兵团红色文化在社会中的价值引领作用，成为一种潜移默化的持续性影响人们的精神力量。

第一，实现历史文本话语向现实生活话语的转换。兵团红色文化不仅是书中表现的阳春白雪，而且必须做到面向生活实际。文化传递的内容要大众化、普及化、生活化。推进

[1] 完整准确全面贯彻新发展理念 铸牢中华民族共同体意识 [N]. 人民日报，2021-03-06（01）.

兵团红色文化的传承与发展的关键在于传播的红色文化内容是否能够满足广大人民群众的精神文化需求。这便要求在叙事过程中要符合大众口味，用大众化、平民化的视角将冗长枯燥的红色文化理论转换为简短精致的微文、趣闻，用人们容易接受的、喜爱的、有温度的表达方式来进行对话交流，实现宏观叙事，将兵团红色文化中所蕴含的精神价值与广大群众的现实需求相结合，让严肃的兵团红色文化传播富有动感和温度感，使兵团红色文化更加感性、具象和接地气。例如，百集微纪录片《红色记忆——兵团博物馆馆藏文物背后的故事》，该片利用兵团各大博物馆丰富的馆藏文物和红色主题雕像等资源，将藏在文物中的精彩故事和感人瞬间展现在人们面前，通过这些看似平常的文物诠释初心使命，传承革命精神，是兵团红色文化话语转换的典范。

第二，实现灌输式话语向交互式话语的转换。传统的兵团红色文化话语宣传更多表现为单向灌输，在文化的传承与发展过程中存在一定的局限性。要尊重广大群众的主体地位，注重群众的话语权表达，改变传统单向灌输的方式，让受众进行平等对话并且拥有表达观点的权利。允许受众在遇到自己感兴趣的、有关兵团红色文化的话题时能够参与讨论并表达自己的看法，在通过不同传播渠道接收到相关文化信息时能够进行评论、反馈及分享，在交流互动中增强群众对传承兵团红色文化的参与度和满足感。通过积极构建平等、开放、民主的话语空间，让群众在话语表达的过程中进行红色记忆连接，唤起群众对兵团红色文化的情感共鸣，加深对兵团红色文化及其价值的深刻了解，从而使兵团红色文化更具感染力和感召力。

第三，重视群众基础，引导群众有序参与，形成传承与发展兵团红色文化的群众伟力。变“小众化”为“大众化”，老少皆宜，雅俗共赏，彻底消除以往传播中的被遮蔽、被选择、被曲解等问题，促进个人与社会的共同协调发展，从而为新时代兵团红色文化的传承与发展创造条件。如各师市组建了“五老宣讲团”，筹建了“红色文化老党员工作室”，充分发挥退休老党员的余热，“五老”讲师团深入学校、社区、街道、机关、团场、连队、企事业单位开展宣讲和图片展览活动，为兵团红色文化的传承与发展贡献了巨大力量。

（二）依托学校教育推进兵团红色文化的传承与发展

学校是开展兵团红色文化教育、组织兵团红色文化活动、传承与发展兵团红色文化的重要阵地。要突出学校在红色教育中的主阵地作用，持续推动兵团红色文化“三进”，在课程设置、氛围营造、载体创新等方面下足功夫，积极打造境界高雅、底蕴深厚、特色鲜明的校园兵团红色文化活动品牌，进一步繁荣校园兵团红色文化，彰显兵团红色文化育人功能。

第一，发挥思政课程的引领作用。兵团红色文化的传承与发展，是文化传承主体将兵团红色文化内容和红色精神内化于心、外化于行的过程。是将马克思主义基本原理与兵团具体实际相结合的过程。学校教育是兵团红色文化传承的主阵地。学校拥有完善的教学体系、雄厚的师资力量、丰富的教学资源、专业的教学设备，目前，学校开设的思政课程是兵团红色文化教育的主阵地。一是积极编撰兵团红色资源主题的辅助教材。目前各阶段的学校使用的思政课教材都是由教育部统一组织编写，对全国各地的学生都具有普遍的适应性，但是缺乏地域特色。因此，兵团各阶段学校在使用统一教材的同时，应结合兵团特色，深入挖掘兵团红色教育资源，组织相关领域的专家，编写符合兵团学生特点的辅助教材。二是将兵团红色文化资源与课程设置相结合，要在课程设置的过程中整合利用兵团红色资源，学校要将兵团红色资源的内容合理地融入教学计划中。另外，学校授课时间有限，导致兵团红色资源融入学校思政课受到了一定限制，所以学校还要根据兵团自身的特色，以学生的实际需要为依据，打造具有兵团特色的校本课程。三是积极推进兵团红色资源与高校思想政治理论课教学内容相衔接，将兵团红色资源导入新课讲授，将兵团红色资源融入教学环节，运用灵活多样的课堂教学方法提高学生对兵团红色文化的学习效果。

第二，发挥校园文化活动的载体作用。丰富多样的校园文化活动是传承与发展兵团红色文化的重要途径。学校要充分发挥开展活动的动员优势和组织优势，加大创办兵团红色文化宣传活动的力度，提高学校兵团红色文化活动的质量。一是开展相关内容的学术讲座。首先，可以邀请兵团的老兵和英模人物来到讲座现场讲述先进事迹和感人故事，让学生和英模们有近距离的接触，从英模身上汲取精神力量；其次可以邀请精通兵团历史的专家学者或领导干部开展讲座，通过系统的讲解，将兵团红色文化融入课堂，让红色文化入脑入心。二是利用学校周边的兵团红色文化资源开展研学活动。兵团辖区现存着大量的兵团红色文化遗址遗迹、革命文物，并且近些年建立了种类繁多的红色场馆，学校要发挥地缘优势，选择合适的红色景点作为红色实践教育基地，提高学生对兵团红色资源的理解力和感悟力，让学生在学、思、行的过程中充分领悟隐藏在物质资源背后的精神意蕴。三是充分利用学校官方网站、微信公众号、广播站、微博、校园网等平台进行兵团红色文化宣传。开设“兵团红色故事”“兵团红色经典”“兵团红色艺术”等栏目，借助广播平台播放兵团红歌、红色故事诵读，积极调动学生的积极性，让学生参与到栏目的投稿和互动中来，使学生在活动参与中激发自信心和自豪感，传递兵团红色文化，传承红色精神。四是积极打造兵团红色文化社团。对于学生来说，学校社团活动比起学校组织的群体活动更具吸引力。打造一支传承与发展兵团红色文化的社团，能够让学生自发组织各项红色文化活动，自觉承担起传承兵团红色文化的责任和使命，同时在社团活动的开展举办中自觉接受兵团红色文化的洗礼，感受其精神实质。

第三，发挥校园环境的浸润作用。学校文化环境的建设深刻影响着学生的学习心理和思想意识。在进行校园建设和校园布置时提前做好整体规划，考虑将兵团红色文化元素融入学校的景观设计中，楼宇、道路、长廊、凉亭、广场等都能作为文化载体实现文化传播。可利用红色雕塑或刻有红色标语的景观石美化校园环境；充分利用学校的宣传栏、文化墙展示兵团革命烈士的英雄事迹，讲好兵团故事；打造红色特色主题园，协同打造具有兵团红色文化特色的公共文化设施，充分发挥环境育人作用；楼宇文化建设中可打造兵团红色文化主题墙，悬挂兵团英模相片、名言警句以激励学生，利用兵团成立70周年等重要时间节点开展红色手抄报、红色黑板报评比等活动，营造浓厚的红色氛围。学生在日常生活中不经意间就能感受到兵团红色文化元素，读到兵团红色文化故事，潜移默化中受到兵团红色文化的感染，感受到兵团红色文化的力量，传承了兵团红色精神，并将其作为自己积极向上、努力学习的动力，自强不息，勤奋上进，自觉做兵团未来事业的接班人。

（三）借助礼仪庆典推动兵团红色文化的传承与发展

各类庆典仪式是兵团红色文化的传承与发展的重要载体和有效手段，主要指的是重大时间节点、重要活动、重要场合的典礼和仪式。在各类庆典仪式中，活动参与者在氛围的烘托下，容易被激发出来强烈的爱党、爱国、爱兵团的情感。兵团红色文化的传承与发展，非常有必要借助集会、宣誓和庆典等形式，增强人们对兵团事业和兵团精神的认同，让兵团红色文化的价值在庄重的仪式感中潜移默化地实现。

第一，借助节日纪念活动。比如“七一”建党节，“八一”建军节，“十一”国庆节等这些具有重大意义的全国性节日庆典。纪念英雄、捍卫英雄、认同英雄是对历史最好的铭记。进入互联网时代，兵团红色文化的仪式化传播也延伸至网络虚拟场域，如清明节的“网上祭英烈”活动，红色微电影展映月的系列仪式化庆典活动，都吸引了大批网民自发、积极地参与进去，主动传递兵团红色文化的精神信仰。这些纪念日的设定及其活动的开展，其目的就是借助庄严隆重的仪式，传承先烈遗志，赓续红色血脉，激励群众奋发图强。同时，通过将对兵团历史和英雄的纪念纳入法制化进程，有助于唤起和加强职工干部对党领导的兵团屯垦戍边史的集体记忆，构建起对兵团红色文化认同的正确的历史观，进而有利于推动兵团红色文化价值的实现，更好地弘扬兵团红色文化和红色精神。

第二，借助群众身边的仪式活动。仪式源于生活，又高于生活。除了利用重要的时间节点进行兵团红色文化的宣传，利用每年惯例的表彰活动，也能对大众红色文化记忆的构建起到重要的作用。通过对仪式内容、形式的精心设计，在干部职工群众的日常生活实践中构建兵团红色文化仪式化的传播空间，来提升社会大众的文化自信心和文化认同。例如“兵团先进模范”表彰活动、兵团“五四青年”表彰活动等。经常性的表彰活动通常是从微观的角度切入，通过这种长期的、经常性的、贴近人民群众生活的仪式活动，对人们的思想、行为、习惯养成和价值观念起到潜移默化的作用，最终实现教育群众的目的。日常性的兵团红色文化仪式活动以其生动、活泼、接地气等特点，更易于将传统的说教转化为受众的亲身体验，通过视频的方式来唤起对兵团历史的记忆，达到共情效果，使大众在参与的过程中逐渐领悟到兵团红色文化的内涵意蕴，从而更加精准有效地增强人民群众对兵团红色文化的认同感、自豪感。

四、进一步繁荣兵团红色文化事业和红色文化产业

（一）大力发展兵团红色文化事业

第一，创造以弘扬兵团红色文化为主旨的红色精品。影视文艺作品是讲好党史故事，深化思想认识，实现兵团红色文化价值的重要载体。文艺界选取重大时间节点，以回顾兵团历史重大事件，宣传革命英雄人物、传承红色文化为主题，进行影视剧的创作，推送了系列有口碑有情怀有受众的文艺作品，取得良好社会效应。例如，为庆祝中国共产党成

立100周年，兵团推出大型音乐舞蹈史诗《天山》，此作品一经上演，就获得很多人的关注和喜爱。这部音乐史诗以众多“边塞诗”切入和取材，用大气磅礴的文学作品、慷慨激昂的音乐表演、翩若游龙的群体舞蹈，展现几代兵团人历经千难万险，为新中国屯垦戍边、不辱使命的伟大事业，讴歌军垦战士扎根边疆、担当重任的感人故事。同时还推出少儿舞蹈《沙漠里的果园》和《边境线上的小妞妞》等优秀作品进行展播；为庆祝兵团成立60周年，兵团有关部门和媒体推出了一大批形式新颖、内容丰富的党史题材文艺作品，如话剧《兵团记忆》、舞剧《戈壁青春》等；为了迎接党的二十大胜利召开，兵团文艺界联合组织各师市（院校）文联、兵团文艺家协会开展了“喜迎二十大　奋进新征程”优秀作品展播活动，如，一师阿拉尔市推出的《生生不息——胡杨》《千年舞蹈》《寻找先辈的足迹》等美术作品，《Come on 阿拉尔》《走进你啊　塔里木》等舞蹈作品以及一些以阿拉尔为创作背景的摄影作品、书法作品、文学作品都被选入优秀作品进行网络展播。接下来兵团要加大对红色文艺精品创作的支持力度，竭力推出不负时代、创新力度较高的新时代红色文艺精品。

第二，更好地发挥各类红色展馆的作用。兵团各类的博物馆、纪念馆、团史馆、连史馆等各类红色展馆，集兵团红色文化物质遗产和非物质文化遗产于一馆，是兵团历史的缩影和实物见证，是重要的红色基因库。展览是弘扬兵团红色文化重要途径也是最直接的窗口，要办好博物馆、纪念馆等红色展馆，紧跟国家脚步，继续深化各类红色展馆免费开放，不断提升各类展馆的公共文化服务水平。要充分发挥各类红色展馆的作用，借助这些重要载体讲好兵团屯垦戍边史、讲好兵团的先锋模范作用，讲好兵团战士无私奉献、艰苦创业、戍守边疆、为国牺牲的故事，让红色基因入脑入心，使之成为推动兵团红色文化传承与发展最长期有效的举措。一是，客观呈现历史原貌。历史带给人们的直观感受之一就是厚重感，展馆中陈列的各种文物便是历史的见证，是观众和历史沟通的桥梁。红色展馆在进行规划建设、馆内布置及文物陈设时要注意尽量呈现历史的原貌，使参观者进入馆内后能更好地沉浸其中与历史相联结，能够带来身临其境般的感觉。同时，在进行布展和陈设时要注重融入艺术元素，突出艺术表现形式，真实性和艺术性相结合，增强美学效果，也有利于进一步增强对兵团历史和兵团红色文化的认同。二是，丰富红色遗存展陈方式。兵团红色旅游产品的主体是遍布各师市、团场、连队的红色展馆，其展陈方式会影响到兵团红色文化传承与发展的效果。要想增强红色历史文化的吸引力，必须创新红色文化发展理念，通过技术加持，将高端科技运用于红色文化的传承发展过程中，让红色文物“动起来”，让红色故事“活起来”，让参观者仿佛身临其境，对红色印象更加深刻。展馆还可以通过设计一批互动性项目，如穿军服、穿越塔克拉玛干沙漠、犁地、住地窝子、开拖拉机、种棉花等活动，让广大游客亲身体验老一辈兵团人的日常生活，感受兵团人在六十余年的屯垦戍边实践中铸造的伟大兵团精神。例如，改造升级后的新疆兵团军垦博物馆充分运用了声光电、场景复原、电子沙盘、3D 动画等技术，以丰富多彩的形式增强了游客的互动体验。各展馆在布展陈设时，可借鉴 2020 年文博会时新疆兵团展馆的陈设方式，该展馆综合利用平面、全息投影、VR 技术、3D 建模等高新技术，集中展示了各项发展成果，对文化的宣传起到了重要的作用。

第三，培养高水平的兵团红色文化宣讲员。兵团红色文化宣讲员是传递兵团红色文化知识的“扩音器”，是引领兵团红色文化发展的“排头兵”，是连通红色文化和人民群众之间的纽带，对兵团红色文化的传承与发展起着至关重要的作用。为了进一步提高红色文化宣讲工作的实效，就要加大对文化宣讲员的培训力度，并积极开展丰富多样的宣讲活动。一是，组建宣讲团，制定计划表，精修宣讲稿，提高宣讲质量。首先，宣讲员要深化理论解读，结合马克思主义基本原理和习近平新时代中国特色社会主义思想解读兵团事业的发展过程和兵团红色文化的重要内涵，与时俱进地结合党的最新理论成果。其次，宣讲员应创新宣讲方式，综合运用故事导入、情境代入、情感投入、精神融入等多样化方式，根据不同受众群体进行精准定位，根据需要和供求调整宣讲方式，走进政府机关、学校、团场、连队、街道、社区、企业等地进行宣讲。二是，充分发挥优秀讲述者和“网红”的作用。如，随着“旅游热”浪潮的掀起，全国各地的文旅局长纷纷借助互联网做起了推广，成为推动当地文化传播和旅游发展的重要担当和重要力量，他们通过在视频中讲述家乡故事、结合当地特色拍摄应景变装视频、开设直播推荐家乡产品等一系列方式将文化和产业输出，成为网络上的“新晋网红”，并获得越来越多网友的关注和点赞。三是，推进宣讲队伍建设精英化。打铁还需自身硬，宣讲团内部应形成常态化的学习机制，与时俱进地坚持学习，用先进的思想理论武装头脑，定期进行培训学习、交流讨论、主题沙龙、读书会等，相互切磋宣讲技巧，还可以通过组织宣讲故事比赛、红色历史知识竞赛等活动来夯实宣讲员知识基础，提高宣讲员宣讲水平，调动宣讲员工作积极性。如，2019 年 11 月由中央宣传部、文化和旅游部共同主办的第二届全国红色故事讲解大赛在上海开赛，来自各省、自治区、直辖市、新疆生产建设兵团和军队系统的 195 名讲解员参赛，新疆生产建设兵团经过层层选拔，派出六名选手参赛，最终新疆兵团军垦博物馆获第二届全国红色故事讲解员大赛优秀单位，博物馆讲解员蒋林杉获先进个人荣誉称号。2022 年党的二十大结束后，可克达拉市总工会开展了“中国梦　劳动美　兵团好　工会情”劳模线上宣讲党的二十大精神比赛，参赛的各位劳模选取不同角度和有代表性、感染力的典型事例，以小故事讲大道理，以真人、真事和真情实感讲述为市社会经济发展作出贡献的真实故事，深刻诠释了劳模精神和第四师劳模背后的新时代兵团精神。

（二）加快发展高质量的兵团红色文化产业

红色旅游本质上是一种集文化认知和情境体验于一体的重要形式。发展红色旅游是充分利用兵团红色文化资源，唤起历史记忆、分享文化情感、传递红色基因的重要途径。大力发展红色旅游，实现文旅融合，有助于进一步实现兵团红色文化的传承与发展。不仅有利于助推兵团经济的发展，带动经济效益，更具有文化价值和社会效益。红色文化和旅游的融合互动，是群众接受红色教育的最轻松且便捷的方式。

第一，整合兵团红色文化资源。实施兵团红色文化资源的整合是发展兵团红色旅游的必要前提，也是传承与发展兵团红色文化的重要内容。若想把红色旅游发展为兵团的示范性产业，务必考虑整合红色文化资源。一是加大全兵团各师市间的红色文化资源的整合力度。兵团辖区分散性较大的特点决定着兵团辖区的红色文化资源的分布较为广泛。各师市之间需加强战略合作意识，综合考虑地理位置、交通路线、自然景观等各方面的因素进行全盘布局和整体设计，如南疆各师市可以形成合力，共同打造环塔里木红色旅游体验项目。二是加大兵团和地方之间的红色文化资源的整合力度。兵地间需形成合力，对兵地间的红色文化资源进行深度融合，共同开发红色旅游项目，才能有助于红色旅游的发展。新疆地大物博，深处内陆，自古便带给人以神秘和遥远的感觉，吸引不少国内外游客前来游玩。但因距离原因，内地游客能来新疆游玩一次实属不易。为了给游客提供更好的服务，带给他们更好的旅游享受，兵地间不仅要加大红色文化资源的整合力度，还应加强道路、医疗、景点公共设施、人才资源等各方面资源要素之间的整合力度，携手打造红色旅游品牌，赚得红色旅游好口碑。三是加强红色文化资源与其他自然资源的整合力度。新疆集沙漠、冰川、湖泊、草原、湿地、戈壁、高山、河流、森林景观于一体，风景壮丽，美不胜收，发展红色旅游产业不能单纯利用红色文化资源进行引流，还需将自然资源相融合，让游客在旅途中既感受到大自然的鬼斧神工又接受到红色文化的熏陶，使旅游体验达到极致。

第二，打造兵团特色红色旅游品牌。兵团红色文化资源有着深刻的价值意蕴，具有很大的开发利用空间。在发展红色旅游的过程中首先要整合兵团和地方的红色文化资源，突出新疆地域文化和民族文化的资源优势，创建兵团红色文化旅游品牌。打造兵团红色文化旅游品牌，要突出兵团特有的

"军垦主题"，并且要结合新疆地域特色和民族特色进行全方位设计。一是建设兵团特色红色旅游品牌要从兵团实际情况出发，科学分析当地兵团红色文化资源的社会价值、产业价值以及传播价值；二是建设兵团特色红色旅游品牌要做好顶层设计，率先制定红色旅游发展目标与整体规划，对品牌内涵的打造、品牌外部支持、品牌社会影响等形成准确定位；三是制定具体措施，将兵团红色文化旅游与当地经济社会文化发展相结合，收集、整理、挖掘当地兵团红色文化资源，综合开发红色精品旅游路线，通过 VR 技术和手绘地图等打造兵团红色文化旅游服务平台，打造兵团红色文化旅游宣传平台，以红色资源为引领，形成集经济、文化、生态为一体的综合消费产业圈。兵团红色文化旅游品牌建设要注重特色、发挥优势，使红色、绿色、古色等资源实现联合开发，密切结合，形成一批特色文化企业集群和综合性、复合型的旅游产品，增强产业活力，从而增强红色旅游的吸引力和竞争力。

第三，设计兵团红色旅游产品。一是要注重产品的选材和使用的工艺。在确定红色旅游产品的设计方案后，首先要根据产品内容考虑选材，就地取材的选材方式最能体现地域特色和民族风情，如最具新疆特色的棉花、胡杨叶、沙砾、艾德莱斯丝绸、薰衣草等材料是做小工艺品的首选材料，既能突出地域特色，又能更好地实现经济价值；其次要考虑产品的工艺效果，如当代年轻旅客更偏爱如纯手工的针织、刺绣等手工艺品，因此可以将兵团红色文化元素融入兵团非遗产品，如哈萨克绣毡、葫芦烙画、土陶烧制等手工艺品，既能弘扬兵团红色文化又能弘扬具有兵团特色的非遗文化。同时我们可以将现代工艺与传统工艺进行有机结合，并将一些创新元素融入红色文化产品之中，设计出别具一格的作品，打造一批高质量的红色旅游产品，提升产品的文化意义和纪念价值。二是设计红色旅游产品时要考虑色彩搭配。色彩搭配不仅影响着产品的美观还影响着顾客的心理和心情。完美的色彩搭配在某种程度上能够增加产品的价值。针对不同客户群体的需求，可使用不同的色彩搭配。如年龄偏大的消费群体更偏爱于素雅的颜色，年轻人和小朋友则更喜欢色彩丰富的或色彩夸张的搭配方式，在调配色彩时要注意地域的特点，合理调配各地域的代表色彩，并在设计红色纪念品时将这些色彩合理地应用于其中，这样对纪念品的红色文化的体现有很大作用。三是设计多元化的红色旅游产品以满足不同消费群体的需求。产品需求决定着产品设计。消费人群的不同也决定着对红色旅游产品的需求不同。如按年龄段划分产品需求，年纪偏大的消费者更注重旅游产品的实用性，带有红色文化元素的丝巾、包包等旅游产品会更受他们的偏爱；年轻人则更注重旅游产品的纪念价值；而少年儿童则更注重旅游产品的娱乐性。因此，在进行产品设计时应进行多元定位、全方位的设计以满足不同消费群体的需求。四是加大对红色旅游产品包装的设计力度。对于旅游产品自身来说，对包装最基本的需求是便于携带且能够保护产品在运输的过程中避免受到伤害。除此之外，从深层次需求来看，加强产品包装的设计能够提高产品的档次，满足消费者的审美需求和心理需求，同时外包装所体现的红色文化元素也是传播兵团红色文化的重要途径，能够有效推动兵团红色文化的传播。因此，在设计产品外包装时也要考虑到包装的材质、图案等各方面因素，注重突出“军垦特色”和“地方特色”。比如，在设计包装时可以使用当地特有的材料和传统工艺，将地域特色和红色文化特色通过包装显示出来。对包装上的图案、文字等内容进行精心设计，起到文化宣传的作用。通过加强包装的设计，提高红色旅游产品的质量，更易将红色旅游产品品牌化，在实现文化传播的同时，也带动了更多的经济效益。

第四，设计精品红色旅游线路。打造精品红色旅游线路是发展红色旅游的核心和灵魂，决定着红色旅游产业发展的前景。一个个串联的红色旅游景点不仅是地理标识的体现，更是红色文化内涵的展现。因此，在进行旅游路线的设计时要充分考虑各景点背后意蕴的文化元素和历史背景，使参观者在参观过程中能有情境代入感。兵团红色文化旅游路线建设要加强顶层设计。一是通过融合设计地理图标和文字图片，形成兵团红色文化旅游线路的鲜明标识。二是注重当地兵团红色文化资源的有声介绍和红色故事、英雄人物的视频展示，为人们了解这一线路提供历史文化知识。三是注重兵团红色文化旅游线路与红色遗址遗迹的精准对应，让兵团红色文化的体验无处不在。为庆祝中国共产党成立100周年，国家文化和旅游部推出了百条全国红色文化旅游线路，兵团有两条路线入选，分别列入“爱国守边·青春无悔”路线和“屯垦戍边·红色兵团”路线。这两条精品路线将兵团和新疆的红色文化资源进行集中呈现，是进行红色历史教育的生动教材，是兵团红色文化传承与发展的重要形式。

五、健全保障机制，提升兵团红色文化的生命力和支撑力

兵团红色文化的传承与发展需要做好顶层设计，有关部门要协调合作，共同为兵团红色文化的传承与发展提供政策支持、制度支撑和法律保障。

（一）落实主体责任，加强组织管理

兵团红色文化的传承与发展是一项长期、复杂的系统工程，各师市要切实提高对兵团红色文化重要意义的认识，认真落实主体责任，健全科学的组织管理机制，使兵团红色文化得到更好的传承与发展。

第一，完善管理机构。兵团红色文化的传承与发展是一项打基础、系全局、管长远的系统工程，单靠一个部门来负责完成是难以实现的，需要政府机关和社会共同承担。兵团红色文化的传承与发展，必须以主流意识形态为旗帜，明确发展方向，科学规划、整体推进。一是兵团红色文化在传承与发展的过程中政府部门需要总揽全局，发挥领导作用，履行管理职能。对兵团红色文化的传承与发展作出顶层设计、进行整体规划和宏观指导。兵团政府部门要立足于兵团红色文化资源的现状，将兵团红色文化的传承与发展纳入精神文明创建中，列入相关业务部门的重要职责中。领导干部首先要提高思想政治站位，从思想上高度重视兵团红色文化传承与发展工作，从兵团的职责使命出发，从文化戍边的视角去谋划，从坚定文化自信、为建设社会主义文化新辉煌贡献兵

团力量去布局，确定发展规划，整合现有资源，统一建设标准，谋划兵团红色文化的传播模式和发展战略。一方面，政府要不断提高自身队伍的管理水平和政治素养，增强传承与发展兵团红色文化的主动性。另一方面，政府要加强对舆论宣传的管理，建立健全舆论宣传制度，引导正面、客观的文化网络宣传，为兵团红色文化的传承与发展营造良好的舆论文化环境。二是兵团各级政府要建立相关领导小组和指导委员会，精心制定兵团红色文化的传承与发展的总体方案及实施细则，健全纵向贯通、横向相连的指导网络。各级政府部门要相互协作，通力配合，积极整合兵团各师市、团场的红色文化资源，建立兵团及师市的红色文化资源分级分类保护体系，吸取其他省市优秀保护经验，积极推动红色文化资源保护制度改革并深入探索原有工作模式，制定出台具有制度性、政策性的政策和法律法规，秉承职责明确、奖惩分明的原则，各级政府、各个部门，各负其责、各司其职。切实解决兵团红色文化资源多部门联合重叠管理和权责不清等问题，做到既有政策设计，也有具体的时间表、路线图、总目标和任务书。

第二，完善考评机制。如何将兵团红色文化传承与发展的总体方案和实施细则落地、落实、落细？这便要求政府部门要制定严格的管理章程、标准、办法等兵团红色文化管理行为准则，建立相应的评价考核机制，坚决贯彻、严格执行管理标准、办法和制度，并严格规范相关责任人的行为。将兵团红色文化纳入精神文明建设总体规划，纳入各级财政保障预算，纳入考核内容和绩效考核系统，加强检查、评价、反馈和监督，逐渐形成“大兵团红色文化”的建设格局，使兵团红色文化的价值实现能够制度化、常态化并真正取得实效。

第三，形成合作机制。兵团红色文化的传承与发展工作，涉及教育局、文旅局、文物局、宣传部、博物馆、纪念馆等相关领域及部门，一方面要依靠政府各主管部门的主导作用，同时也要注重组织动员社会群体的参与，积极融入社会力量和民间力量，鼓励学校、企业、社会组织等多种机构参与管理，充分发挥政府的政策引导辅助监督作用，发挥学校在兵团红色文化的传承与发展中的教育功能和企业在兵团红色文化市场化运作方面的优势，鼓励社会团体、基金会、社会服务机构等社会组织积极参与。坚持政府推动、多方参与，动员和推动各条战线、各个部门齐抓共管、各司其职，加强政府相关组织与部门之间的协调合作、紧密配合、协同创新，整合多方力量，形成强大的工作合力，沟通各方面利益关系，打通各类阻碍，警惕红色基因突变，对违反和阻碍兵团红色文化传承与发展的行为及时纠正，积极营造良好的社会环境氛围，为兵团红色文化的传承与发展提供更好的条件和更强大的政治保障。

（二）建立健全政策法规

完善的政策法规是兵团红色文化的传承与发展的重要保障。兵团红色文化的传承与发展既需要完善的体制机制来具体推动，也需要法律法规的有力保障。坚持党领导兵团红色文化传承与发展工作是首要原则和基本准则。因此党和国家出台的保护政策和相关的法律法规是红色文化资源保护和利用的有效保障。事实证明，光树立保护意识还不能对红色文化做到真正意义上的保护和利用，法律约束才能使红色文化资源的保护工作落到实处。首先，国家制定并颁布的历史文化资源保护法律法规有《中国文物古迹保护准则》《文物保护工程管理办法》等，这些纲要和意见为兵团红色文化的传承与发展提供了坚强的制度和政策保障，但对红色文化资源保护的法律法规尚未出台。红色文化资源的保护缺乏一定的针对性。其次，新疆维吾尔自治区及兵团也应当根据自身实际情况制定出台红色文化资源保护政策条例。在法律法规的制约下，规范行为，对准各项指标，对红色文化资源进行过度开发、有意破坏等行为进行法律追责，让红色文化资源的保护和利用在法治化道路上越走越远。其次，在有法可依的基础上，还要做到有法必依、执法必严和违法必究。各级主管部门要不断增强自身的法治意识、法治思维和法制观念，还要建立专门的执法队伍，通过进行专业技能定期培训、业务知识日常学习与定期考核，来提高执法队伍的整体水平和执法能力。加大对兵团红色文化遗址周边环境的整治力度，及时处罚、教育和引导违法乱纪的游客，规范其不文明行为。每个公民都有权就兵团红色文化遗产破坏、损害行为或主管部门保护不力、不作为等行为进行检举、制止、控告和提起诉讼。通过制定和健全相关的法律法规制度，可以使兵团红色文化的传承与发展有法可依、有法必依，增强兵团红色文化的传承与发展的底气。

（三）加大经费投入力度

兵团红色文化的传承与发展工作艰巨且复杂，在具体的传承发展过程中有大量的资金需求，因此需要建立健全经费保障机制。不论是兵团红色文化资源的开发利用还是兵团红色文化遗址遗迹、文物的保护建设，资金投入都是最基本的保障，加大资金投入是解决当前兵团红色文化的传承与发展瓶颈问题的重要环节和重要保障。

第一，要加强对博物馆、纪念馆、团史馆、连史馆等红色馆类场所的资金投入。各大馆类场所是兵团红色文化基因的重要载体，馆内文物的种类、场馆的布置、文物的陈列等都需要与时俱进，不断更新。其次要加强对遗址遗迹、红色爱国主义教育基地的资金投入力度、受自然环境、城乡开发建设等方面的影响，兵团辖区的遗址遗迹受损程度高，修复任务和保护责任重，对资金需求较大。将兵团文物的保护纳入各级财政全额拨款管理，制定具体的扶持办法。根据不同基地建设水平和各地实际，按照先急后缓、精准到位的原则，每年由各级财政按照不同比例进行配套扶持。各地还要创设成立兵团红色文化保护专项基金，以财政补助方式择优支持示范项目，发挥品牌带动效应。

第二，要加大对兵团红色文化技术支撑平台、公共信息平台、公共交通平台等财政投入力度。国家出台的《关于实施革命文物保护利用工程（2018—2022 年）的意见》提出，要分批公布全国革命文物名录，建立革命文物大数据库，推进革命文物资源信息开放共享。不仅如此，还要对各地的红色文献，图片、纪录片，声音等进行数据收集、挖掘、梳理与整合，建立基础数据库。同时，利用大数据、虚拟现实、3D 影像等技术，将红色资源转化为数字模式，形成红色资源大数据库，助推红色资源的管理、修复、研究等，这便对技术提出了较高要求。兵团辖区遍布新疆天山南北，新疆地域辽阔，交通不便是阻碍红色旅游发展的重要原因之一，完善各师市的交通体系，实现“铁公机”有效联通都需要大量的资金支持。

第三，吸收社会资本参与兵团红色文化产业的开发。鼓励社会各界向兵团红色旅游景区进行开发建设，可采取经营权与管理权分离的方式，采取市场化方式多渠道筹措资金，制定社会资本参与兵团红色文化保护的税收及贷款优惠等政策，广泛吸纳和吸引多样化的资本，引导社会资本参与兵团红色文化产业，培育一批重点兵团红色文化企业，整合社会资源，共同打破制约基地发展建设的瓶颈。对一些重要且地方无力保护的革命遗址、遗迹，可申请专项保护基金予以保障，最大限度对历史纪念设施和遗址遗迹进行抢救性保护。这些规定和做法既强化了政府的责任，也创新性地提出了各种保护方式，解决了资金短缺的问题，有效地加大了兵团红色文化的保护力度。

第四，建立兵团红色文化资源开发保护和利用的专项资金管理制度。从经费的管理角度来讲，政府相关部门要健全相应的经费管理规章，同时紧密结合社会民众监督相关经费支出管理，制定专项资金使用和管理办法，形成整体监督氛围，确保兵团红色文化经费使用合理合法合规有效。

（四）加大专业人才培养力度

兵团红色文化的传承与发展离不开人才的支撑。加强兵团人才队伍建设，打造一支专业素养高、综合能力强的兵团红色文化人才队伍是推进兵团红色文化的传承与发展的关键一环。兵团红色文化的传承与发展既需要高素质、高能力的管理人才、研究人才，也需要大量受过专业训练的、应急能力较强和服务水平较高的一线员工和基层工作人员。要充分发掘和培养壮大一批知识储备高、视野开阔、经验丰富和专业技术过硬的兵团红色文化人才队伍。

第一，加强兵团红色文化资源管理机构的领导班子和骨干队伍的建设。要加强兵团红色文化资源管理的专责机构，并配齐坚强领导班子和骨干队伍。同时还要加强对兵团红色文化资源管理的总体设计和组织领导，增强兵团红色文化资源管理机构的工作积极性和主动性，提升各级党委、政府、地方文化、文物、遗址管理等相关职能部门以及全体社会成员的政治意识、责任意识、保护意识，扩大对兵团红色文化资源管理的覆盖面，共同为兵团红色文化的开发、利用、保护探讨有效方案。

第二，加强兵团红色文化人才的培训力度。为现已在岗的兵团红色文化人才提供培训机会，重点加强专业学科知识、职业道德素养、规范服务意识等方面的培训，将优秀的经验做法引进来、落下去，提高人才队伍的整体综合素质和综合能力，增强工作使命感，自觉担任兵团红色文化的传承者。一方面，要重点培养革命文物保护和修复的专业人才，文物的保护和修复工作需要极高的修复技巧，这便要求文物修复人员与时俱进更新修复技术，达到最大程度上保护和修复文物的效果。另一方面，要加强兵团红色文化教育基地管理员和解说员能力的提升。各个馆类场所或教育基地都需根据各地需求配备不同数量的专业管理人员，还应根据游客需求配备相应数量的讲解员，而这两支队伍常常会影响着当地红色旅游业的发展，从而影响到红色文化的传承效果。因此，要对这两支队伍展开经常性的培训，不断提高管理水平和讲解能力，更重要的是要培养服务意识，满足群众的心理需求。

第三，加强与科研单位及各大高校的通力合作，共同培养兵团红色文化专业人才。培养一大批具有较高文化艺术素养和创新能力，同时又懂得特色文化产业经营管理规律专门人才；培养和引进高素质的文化经营管理和文化艺术创作方面的人才，重点加强对文化产业人才，尤其是复合型人才与营销人才的培养和使用力度，着力培养熟悉国内外文化市场，拥有较强的开拓创新能力，具有国际视野的创新文化人才。要努力营造用好人才、吸引人才的良好环境，建立完备的人才引进、培育机制，通过畅通晋升渠道，提高福利待遇，引得进、留得住具有较强专业能力水平的拔尖人才。要充分发挥高校和科研院所的优势，借助高校和科研院所的力量培养兵团红色文化人才，形成人才梯队，确保人才队伍数量充足，衔接有序。

第四，组建兵团红色文化志愿者阶梯队伍。志愿工作具有志愿性、无偿性、公益性和组织性，组建志愿者阶梯队伍不仅能够弥补人力资源的不足，也能为兵团红色文化的传承与发展贡献力量。志愿者的工作拉近了兵团红色文化与人民群众之间的距离，让兵团故事、兵团事迹传入寻常百姓家，让兵团红色文化精神融入人们的日常生活，进而促进兵团红色文化的传承与发展得到有效实现。一是可以组建革命文物志愿服务队，号召有专业兴趣的广大群众参与到兵团红色文化资源的发掘和保护工作中来。二是可以借鉴其他省市打造红色文化教育基地的成功经验，聘请有情怀的兵团二代、三代以及对兵团历史精通的有志人士做讲解员。三是规范对兵团红色文化志愿队伍的管理，定期开展培训，对先进事迹和优秀个人进行表彰，并进一步完善奖励激励机制，激发志愿者的活力。把兵团红色文化志愿者队伍打造成为流动的宣传栏和身边的扩音器。

第五，打造本领过硬的红色文艺工作队。文艺是一项铸造灵魂的工程，文艺工作者从事的是培德塑魂的神圣事业。兵团红色文化的传承与发展需要强有力的文艺工作队伍支撑，在文艺工作者的精耕细作下才能产出一大批紧跟时代步伐的兵团红色文艺精品。一方面文艺工作者要根植于人民群众的社会实践活动中，广泛关注人民群众的现实生活和人民群众对精神文化生活的需求，在作品创造的过程中将兵团红色文化有机融入文学、音乐、舞蹈、戏曲、影视剧等文艺形式中，坚持为人民而写、为人民而唱、为人民而演，创作出人们喜闻乐见的系列文艺精品，在为人民群众提供优质的红色精神食粮的同时，增强人们的兵团红色文化认同感、自豪感，真正发挥兵团红色文化启迪思想、凝心聚力、引领社会风尚的重要作用和价值；另一方面，文艺工作者要向文艺大家看齐，向守正创新的文艺名家聚拢，不断提升文艺作品的创作能力和创新能力。

第六，凝聚社会力量，打好文化传承组合拳。兵团红色文化的传承与发展不是某个部门的工作，也不是某个社会群体的任务，而应做到传承与发展工作人人参与，文化资源和精神成果人人共享。充分发挥社会力量，每位同志都应该从自身做起，从小事做起，学习和掌握特定的兵团红色文化知识，为兵团红色文化的传承与发展积极营造社会整体环境氛围，全力有效地促进兵团红色文化的传承与发展。

附录：兵团各师（市）情况简介

兵团师（市）	师（市）名由来	成立时间	挂牌成市时间	简介
第一师阿拉尔市	关于阿拉尔这一地名，来源有些复杂，有四种说法：一是蒙古语“汇聚、交汇”之意；二是蒙古语一种草的名字；三是维吾尔语意为“河洲”“绿色的岛屿”，传说很久以前维吾尔族牧羊人躲避洪水的高台，给它起了“阿拉尔”的美名，即绿色的岛；四是清朝乾隆年间索伦部大迁徙后，达斡尔族阿拉尔氏军民驻扎新疆南疆地区后所建的阿拉尔屯（今阿拉尔市）	1953 年	2004 年 1 月 19 日	第一师前身是创建于土地革命时期的红六军团，抗日战争时期改编为八路军一二O师三五九旅。1949 年 2 月整编为中国人民解放军第一野战军一兵团二军步兵第五师。1953 年 6 月 5 日整编为新疆军区农业建设第一师。1954 年 1 月由南疆军区代管，同年 10 月隶属新疆军区生产建设兵团建制

续表

兵团师（市）	师（市）名由来	成立时间	挂牌成市时间	简介
第二师铁门关市	铁门关，因其险固，故称铁门关。古代二十六名关之一，号称天下最后一关	1953 年	2012 年 12 月 29 日	第二师前身是渤海军区教导旅，于 1947 年 2 月在山东信阳成立，同年 11 月归入西北野战军建制，为第二纵队独立第六旅，1949 年整编为中国人民解放军第一野战军第一兵团二军步兵第六师，1953 年部队集体就地转业，改称新疆军区农业建设第二师，1954 年兵团成立后，归属兵团建制
第三师图木舒克市	图木舒克，维吾尔族语意为“鹰面部突出的地方”，地处东北走向的天山山脉南麓和西北走向的图木舒克山直角相交处，如一个高高的鼻梁突出，因此而得名	1966 年	2004 年 1 月 19 日	第三师前身为中国人民解放军二军步兵第四师第十二团。1966 年，在农一师第四管理处的基础上整合组建农三师；2012 年，农三师更名为第三师
第四师可克达拉市	可克达拉市市名源于兵团第四师六十四团团部可克达拉镇，“可克达拉”为阿尔泰语系语言“绿色的原野”之意	1953 年	2015 年 4 月 12 日	第四师前身是中国人民解放军新疆军区五军十五师，由原中国人民解放军二军五师十三团、新疆军区通讯团和六军骑兵团合编组建。1953 年部队集体就地转业，改称新疆军区农业建设第四师。1954 年，兵团成立后，归属兵团建制

续表

兵团师（市）	师（市）名由来	成立时间	挂牌成市时间	简介
第五师双河市	双河市名源于唐代在西域的博乐一带建立的双河都督府，取自于精河和博尔塔拉河双河之意	1953 年	2014 年 2 月 26 日	第五师前身是陕甘宁晋绥联防军教导旅，1947 年归人西北野战军编制，为六纵教导旅。1949 年整编为第一野战军六军十六师，1953 年部队集体就地转业改称新疆军区农业建设第五师，1954 年兵团成立后，归属兵团建制
第六师五家渠市	据考证，清末民初有杨、冯、杜等 5 户人家，为种地从老龙河引出一条水渠，人称“五家渠”	1953 年	2004 年 1 月 19 日	第六师前身为中国人民解放军第一野战军第一兵团步兵第六军十七师，1953 年，驻疆部队划分国防军与农业生产部队，原六军十七师除组成 1 个国防步兵团、2 个军分区、1 个生产管理部及与十六师合编 1 个补训团以外，其余部队接收军区八一农场，组成农业第十七师；同年 6 月，十七师更名为中国人民解放军新疆军区农业建设第六师

续表

兵团师（市）	师（市）名由来	成立时间	挂牌成市时间	简介
第七师胡杨河市	市名源于兵团第七师一三〇团奎屯河下游的胡杨河景区，取名胡杨河市有取胡杨“千年不死、千年不倒、千年不朽”顽强生存之意	1953 年	2019 年 12 月 18 日	第七师前身为中国人民解放军二十二兵团步兵第九军二十五师，组建于 1949 年 12 月。1950 年 2 月，进驻玛纳斯河流域中下游垦区。1953 年 6 月部队整编为中国人民解放军新疆军区农业建设第七师。1954 年 10 月，归属中国人民解放军新疆军区生产建设兵团。1957 年 3 月，师部由炮台搬迁至奎屯。2012 年 12 月，农七师更名为新疆生产建设兵团第七师
第八师石河子市	之所以叫石河子市，源于石河子旁 8 公里处有一条布满石头的玛纳斯河，石河子市就建在数丈深的砾石层上，是一座名副其实的石子城	1953 年	1984 年 9 月	第八师前身是中国人民解放军第二十二兵团步兵第二十六师。1953 年集体就地转业，改编为新疆军区农业建设第八师。1954 年新疆军区生产建设兵团成立后，归属兵团建制。1975 年随兵团撤销，所属单位划归新成立的石河子地区管辖。1981 年随兵团恢复建制与石河子农工商联合企业公司为同一机构、两块牌子，与石河子市实行政企合一、合署办公。2012 年更名为第八师

续表

兵团师（市）	师（市）名由来	成立时间	挂牌成市时间	简介
第九师白杨市	来自著名作家茅盾笔下的名篇《白杨礼赞》和闻名全国的军旅歌曲《小白杨》	1962年	2023年4月28日	1958年10月，农七师成立开发塔城和额敏地区的塔额总场。1959年11月，兵团批准塔额总场扩编为农七师第三生产管理处（简称三管处）。1962年4月，伊犁塔城地区发生边民越境事件后，三管处在塔城地区执行“代耕、代牧、代管”任务。1962年8月，国务院、中央军委发出关于组建边境农场带的指示。9月，三管处成立7个边境农场带。1969年4月，农九师成立，三管处的7个边境农场划归农九师。2012年12月，农九师更名为第九师
第十师北屯市	北屯来自蒙古语“方形地”之意，原来也叫“多勒布尔津”，意为“屯垦最北之地”的意思	1959年	2011年12月28日	第十师前身为中国人民解放军第二十二兵团骑兵第七师。1953年，骑七师一部、军区后勤部运输处绥来农场和乌苏生产建设大队整编为新疆军区农业建设第十师。1954年兵团成立后隶属兵团建制。2012年农十师更名为第十师

续表

兵团师（市）	师（市）名由来	成立时间	挂牌成市时间	简介
第十一师	\	1953年	\	前身是中国人民解放军第二十二兵团骑兵第八师。1953年改称新疆军区建筑工程第一师（简称工一师）。1954年兵团成立后，工一师归属兵团建制，1955年改称兵团玛纳斯河流域水利工程处。1956年乌库公路指挥部成立。1957年玛河水利工程处与乌河水利工程处合并后改称兵团水利工程处。1958年兵团水利工程处撤销，改称水工二团，1959年乌库公路指挥部改称为兵团建筑工程第二师。1962年工二师与水工二团合并，番号仍为工二师。1969年，工二师建制撤销，以工一师为基础，合并工二师、工三师部分队伍组建兵团建工师，1974年，组建兵团铁路工程纵队。1975年兵团建制撤销，改称自治区铁路工指挥部。1979年，改称自治区铁路工程局。1983年，自治区铁路工程局划归兵团，改称新疆生产建设兵团建筑工程第一师。1998年，改称兵团建筑工程师。2014年5月12日，兵团建筑工程师加挂兵团第十一师牌子

续表

兵团师（市）	师（市）名由来	成立时间	挂牌成市时间	简介
第十二师	\	1982年	\	第十二师前身为乌鲁木齐西郊农场管理处，成立于1964年1月，属自治区农垦厅管辖；1970年4月，更名为乌鲁木齐市西郊垦区总场，划归乌鲁木齐市管辖；1973年8月，更名为乌鲁木齐市西郊垦区管理处；1976年2月，更名为乌鲁木齐市农垦局；1982年4月，更名为兵团乌鲁木齐农场管理局，划归兵团管辖，乌鲁木齐市农垦局的名称仍然使用，同时接受兵团和乌鲁木齐市的双重领导；2000年11月，更名为兵团农业建设第十二师；2012年12月，更名为新疆生产建设兵团第十二师

续表

兵团师（市）	师（市）名由来	成立时间	挂牌成市时间	简介
第十三师新星市	“新星”意为“新时代的红星”	1982 年	2021 年 3 月 27 日	第十三师前身是陕甘宁晋绥联防军教导旅，1947 年为西北野战军第六纵队教导旅。1949 年整编为第一野战军第二兵团第六军第十六师。同年，转隶第一兵团建制，进驻新疆哈密。1953 年，部队集体就地转业，改番号为新疆军区农业建设第五师。1954 年新疆军区生产建设兵团成立后，归属兵团建制。1963 年农五师师部西迁博乐，在哈密设农五师哈密管理处。1982 年，兵团哈密农场管理局（副师级）恢复建制。2001 年，经中央批准更名为兵团农业建设第十三师（正师级）。2012 年 10 月，更名为兵团第十三师
第十四师昆玉师	昆玉市名源于中国最早的文化典籍《山海经》——昆冈出美玉	1982 年	2016 年 2 月 26 日	第十四师前身是中国工农红军第六军团一部分；抗日战争时期为八路军一二O师三五九旅七一九团；解放战争时期为中国人民解放军第一野战军一兵团二军五师十五团；1954 年 10 月至 1975 年先后归属农一师、农三师管理，1975 年兵团建制撤销，归和田行署领导，为和田地区农垦局；1981 年兵团建制恢复，更名兵团和田农场管理局，级别为副师级单位；2000 年 11 月，更名农十四师，升格为正师级单位；2012 年 12 月，更名为新疆生产建设兵团第十四师

参考文献

著作

[1] 中共中央马克思恩格斯列宁斯大林著作编译局编译. 马克思恩格斯选集（1—4卷）[M]. 北京：人民出版社，2012.

[2] 毛泽东. 毛泽东选集（1—4卷）[M]. 北京：人民出版社，1991.

[3] 邓小平. 邓小平文选（1—3卷）[M]. 北京：人民出版社，1993.

[4] 习近平. 习近平谈治国理政（第一卷）[M]. 北京：外文出版社，2014.

[5] 习近平. 习近平谈治国理政（第二卷）[M]. 北京：外文出版社，2017.

[6] 习近平. 习近平谈治国理政（第三卷）[M]. 北京：外文出版社，2020.

[7] 习近平. 习近平谈治国理政（第四卷）[M]. 北京：外

文出版社，2022.

[8] 习近平 . 高举中国特色社会主义伟大旗帜为全面建设社会主义现代化国家而团结奋斗——在中国共产党第二十次全国代表大会上的报告 [M]. 北京：人民出版社，2022.

[9] 习近平关于社会主义文化建设论述摘编 [M]. 北京：中央文献出版社，2017.

[10] 徐伫立，刘建朝 . 福建红色旅游资源开发研究 [M]. 北京：光明日报出版社，2019.

[11] 王崇久，黄宏，王瀚林，杨永利 . 兵团精神 [M]. 北京：人民出版社，2006.

[12] 卢晓峰 . 兵团精神研究 [M]. 北京：人民出版社，2013.

[13] 李福生，方英楷 . 新疆兵团屯垦戍边史 [M]. 乌鲁木齐：新疆科技卫生出版社，1997.

期刊论文

[1] 易金华，钟声 . 红色文化融入大学生党员党性教育的理论认知与实践路径 [J]. 湖南社会科学，2023，(01)：145-151.

[2] 罗丽华 . 文化强国战略下长株潭岳红色文化资源融入大学生政治信仰研究——评《社会主义文化强国建设研究》[J]. 中国油脂，2023，48(02)：158.

[3] 刘维尚，王泽艺，孙炳明，陈旭 . 基于感质层次的地域红色文化 IP 产品设计研究 [J]. 包装工程，2023，44(04)：368-378.

[4] 张瞳．红色文化融入新时代大学生爱国奋斗精神培育的研究——评《红色文化涵育高校社会主义核心价值观研究》[J]. 科技管理研究，2023，43（04）：253.

[5] 吴素舫，杨雪梅．基于5W传播模式的高校图书馆红色文化阅读推广路径探析 [J]. 图书馆工作与研究，2023，（02）：104-112.

[6] 李泓蓉．《信阳红色文化在旅游文创产品中的应用研究——何家冲》[J]. 中国造纸，2023，42（02）：20.

[7] 刘燕，李楠．新时代高校红色文化育人的价值意蕴、现实困境及优化路径 [J]. 国家教育行政学院学报，2023，（02）：89-95.

[8] 张新奎，李小旭．红色文化融入思政课价值与路径研究 [J]. 中国大学教学，2023，（Z1）：39-43.

[9] 周新娟．新媒体时代红色文化资源融入高校思政课实践教学研究——评《新媒体时代红安红色文化传播研究》[J]. 人民长江，2023，54（01）：255.

[10] 王娇，严实．新媒体红色文化资源融入高校思政教育的作用与策略 [J]. 传媒，2023，（02）：86-88.

[11] 伏倩倩．基于山东红色文化的纸质文创产品的插画设计与开发 [J]. 中国造纸，2023，42（01）：12-13.

[12] 朱虹，宋丹丹．红色文化与旅游融合发展的实现路径 [J]. 旅游学刊，2023，38（01）：10-11.

[13] 邵明华，杨甜甜．场景赋能红色文化旅游发展的理论逻辑与多维路径 [J]. 兰州大学学报（社会科学版），2022，50（06）：95-104.

[14] 翁振．新媒体与文创融合助力红色文化传播 [J]. 传

媒，2022，(23)：60-61.

[15]朱晖，李璐颖，李哲林，郑佳芬，刘垚.红色文化资源与城市公共空间协同治理的微更新探索——以广州红色文化传承示范区保护提升规划与建设为例[J].规划师，2022，38(12)：154-160.

[16]李雯雯，柯文进.红色文化与大学生理想信念教育的融合研究[J].人民论坛，2022，(22)：115-117.

[17]史斌.红色非物质文化遗产及其当代价值[J].湖南社会科学，2022，(06)：161-168.

[18]付安玲，肖朝霞.大数据时代高校思想政治理论课红色文化传承功能的实现[J].思想教育研究，2022，(11)：131-136.

[19]余招文.红色文化融入课程思政的实践探析[J].中学政治教学参考，2022，(44)：104.

[20]卢蔡，程世利，杨波.红色文化资源融入高校思政育人体系研究[J].学校党建与思想教育，2022，(22)：60-62.

[21]高俊晗，龙东.红色文化与思政教育深度融合的路径[J].中学政治教学参考，2022，(43)：55-57.

[22]金玲.红色文化融入课程思政的策略[J].中学政治教学参考，2022，(43)：102.

[23]刘茜子.新媒体时代红色文化融入思政课教学探论[J].中学政治教学参考，2022，(43)：104.

[24]刘竟，王萌，刘桂锋，杨志刚.数字人文视角下红色文化资源知识图谱构建研究[J].图书馆杂志：1-16.

[25]吴才唤，张钰婷.红色文旅融合：基本概念、内在逻辑与实践路径[J].图书馆，2022，(11)：31-37.

[26] 金威威 . 红色文化的时代价值及活化路径——评《红色文化与创业文化的时代新阐述》[J]. 科技管理研究，2022，42（21）：260.

[27] 付璐 . 文化强国视域下红色旅游的高质量发展 [J]. 社会科学家，2022，（08）：39-43.

[28] 党争胜 . 延安时期红色文化国际传播的历史经验及其当代启示 [J]. 上海交通大学学报（哲学社会科学版），2022，30（04）：99-105.

[29] 赵晓毅，康海轩 . 习近平红色文化重要论述：生成逻辑·理论意蕴·价值旨趣 [J]. 中学政治教学参考，2022，（32）：76-79.

[30] 闫金红，柴玲玲 . 新时代大学生红色文化认同的现实境遇与提升策略 [J]. 思想政治教育研究，2022，38（04）：152-156.

[31] 徐佳，刘倩 . 公共图书馆红色文化空间建设与利用研究 [J]. 图书馆，2022，（08）：87-92.

[32] 田珊 . 数字化红色文化资源赋能高校思政课的价值及路径探析 [J]. 思想理论教育导刊，2022，（07）：155-159.

[33] 乔治，王丹，刘雅炜，石军军，张新平 . 空间叙事视角下西安事变纪念馆创意系列化设计 [J]. 包装工程，2022，43（14）：362-374.

[34] 刘建荣 . 红色文化的道德价值 [J]. 湖南社会科学，2022，（03）：24-29.

[35] 葛佳钰，蒋琤琤 . 基于红色文化的数据新闻可视化设计研究 [J]. 包装工程，2022，43（S1）：306-311.

[36] 许宪隆，刘纯 . 新媒体时代红色文化传播载体的功

能与方式选择——以宁夏同心红军西征纪念园为例 [J]. 青海民族研究，2022，33（02）：1-6.

[37] 白凌婷 . 广西红色文化资源融入艺术硕士课程思政的路径创新研究 [J]. 包装工程，2022，43（S1）：416-418+420.

[38] 孔毅 . 红色文化在主题类景区公共设施设计中的应用研究 [J]. 包装工程，2022，43（S1）：212-216+241.

[39] 陈思梦，乔治，张新平，刘雅炜 . 基于红色文化价值利用的西安事变纪念馆空间改造设计 [J]. 包装工程，2022，43（S1）：298-305+322.

[40] 班惠英，向专 . 新时代红色文化融入大学生党员教育的三重逻辑 [J]. 教育理论与实践，2022，42（18）：41-44.

[41] 于晓明 . 融媒体平台视角下提升红色文化传播力研究 [J]. 学校党建与思想教育，2022，（12）：64-66.

[42] 方志宏 . 文化创意视角中的大别山红色文化品牌塑造与传播 [J]. 新闻爱好者，2022，（06）：78-80.

[43] 杨雪萍 . 机遇、困境与突破：新媒体时代背景下的红色文化传播 [J]. 新闻爱好者，2022，（06）：75-77.

[44] 潘娜 . 学校红色文化基因传承中的对话教育 [J]. 中学政治教学参考，2022，（23）：27-29.

[45] 胡建松 . 兵团红色文化资源融入研究生党员教育的现实考量 [J]. 兵团教育学院学报，2022，32（03）：5-9.

[46] 马宁，丁苗 . 西藏红色文化的传承路径探析 [J]. 西藏研究，2022，（03）：10-19.

[47] 朱婉榕 . 发挥兵团精神在文化润疆中的特殊作用 [J]. 新西部，2022，（05）：42-44.

[48] 张海斌，战令琦 . 媒体融合视阈下红色文化传播策略探析 [J]. 新闻爱好者，2022,（05）: 99-101.

[49] 陈蓓 . 微媒体视角下红色文化传播的价值提升与策略 [J]. 新闻爱好者，2022,（05）: 108-110.

[50] 武维潇 . 新媒体时代红色文化传播的异化现象与创新策略——评《新媒体时代红安红色文化传播研究》[J]. 新闻爱好者，2022,（05）: 115-116.

[51] 韩艳，张托托 . 革命文化与红色文化关系辨析 [J]. 中学政治教学参考，2022,（19）: 1+4-5.

[52] 王华彪 . 发挥红色文化凝聚励志实践功能 [J]. 中学政治教学参考，2022,（19）: 60-62.

[53] 欧阳舒静，邹芷嫣，张浩，储德平 . 广西红色文化资源空间格局及旅游开发模式 [J]. 资源开发与市场，2022, 38（07）: 876-882.

[54] 高君 . 红色档案：概念界定、时代价值与建设路径 [J]. 档案管理，2022,（03）: 41-42.

[55] 吴春浩 . 我国“双一流”高校图书馆红色文化阅读推广调查与分析 [J]. 图书馆工作与研究，2022,（05）: 97-104.

[56] 梁罡 . 政治传播视角下红色文化的理论语境、意义表达及传播路径 [J]. 理论导刊，2022,（05）: 55-60.

[57] 王丽媛，杨昕，张彦琼 . 红色文化资源融入思政课的三重路径 [J]. 中学政治教学参考，2022,（09）: 43-45.

[58] 张刘洁 . 探访“军垦之星”数创基地 [N]. 兵团日报（汉），2022-03-07（005）.

[59] 罗亮 . 赓续红色血脉的实践困境与路径创新 [J]. 西

南大学学报（社会科学版），2022，48（02）：200-210.

[60] 曹椿寓，王纪鹏．红色文化资源融入课程思政建设探究[J]. 中学政治教学参考，2022，（08）：53-55.

[61] 陈月霄，李星．论红色文化多维价值及其生成方略——兼以福建红色文化为叙述背景[J]. 思想教育研究，2022，（02）：149-153.

[62] 王春迎，朱坤豪，周知．我国省级公共图书馆红色文化资源建设与发展研究[J]. 图书馆学研究，2022，（02）：38-47+67.

[63] 周莹．全媒体语境下沂蒙红色文化的场景传播策略[J]. 青年记者，2021，（24）：90-91.

[64] 李秀梅．国有企业红色文化的生成逻辑及价值内涵[J]. 人民论坛，2021，（36）：79-81.

[65] 杨薇薇，颜春燕．基于红色文化的工业产品设计创新研究[J]. 工业建筑，2021，51（12）：168.

[66] 李慧．讲好文旅故事 赓续红色血脉[N]. 光明日报，2021-12-17（005）.

[67] 张芝雄，聂明．红色阅读空间内涵特征、构建方向与路径[J]. 中国出版，2021，（24）：57-60.

[68] 王斌通．红色文化的立法保护路径[J]. 中学政治教学参考，2021，（35）：64-66.

[69] 邓鹭．数字化技术下红色文化景观的建构[J]. 工业建筑，2021，51（07）：266.

[70] 冷淞，郭菁．空间叙事与艺术升维——《闪亮的坐标》传承红色文化的创新表达[J]. 当代电视，2021，（07）：47-48.

[71] 余望枝，刘芳.红色文献资源立法保护现状及对策研究[J].图书馆，2021,(07):9-15.

[72] 邵明华，刘鹏.红色文化旅游共生发展系统研究——基于对山东沂蒙的考察[J].山东大学学报(哲学社会科学版)，2021,(04):84-94.

[73] 李响.红色文化和旅游产业：文旅融合的困境与路径[J].学术交流，2021,(07):119-129.

[74] 刘婧，田晓膺.将红色进行到底——评《红色文化品牌塑造：理论与实践》[J].传媒，2021,(12):97.

[75] 黄薇，夏翠娟，刘倩倩.数字化转型中红色文化信息资源创新服务模式研究[J].图书与情报，2021,(03):12-18.

[76] 张文馨，李姗姗，张睿，任世晴.社会记忆视域下数字红色文化遗产资源的建构与开发[J].北京档案，2021,(06):31-34.

[77] 刘国贞.大众文化语境下的红色文化传播研究[J].新闻爱好者，2021,(06):62-64.

[78] 成洁.活用红色文化[J].思想政治课教学，2021,(06):50-52.

[79] 尹丽君，李航，孙超，张艳纯.利用海淀红色文化资源开展党员思想政治教育的实践研究[J].中国教育学刊，2021,(S1):174-176.

[80] 杨超.中国共产党传播红色文化的百年回溯与当代启示[J].重庆社会科学，2021,(06):19-31.

[81] 杨梅华，胡建松.文化润疆中发挥兵团红色资源作用的思考[J].和田师范专科学校学报，2021，40(03):1-6.

[82] 方跃平，宗钰 . 红色文化育人功能简论 [J]. 学校党建与思想教育，2021，(11)：41-43.

[83] 李晶，梁彦 . 红色出版物视角下的新时代红色文化溯源与创新传播研究 [J]. 科技与出版，2021，(05)：34-38.

[84] 徐功献 . 中国红色文化百年变革求真的历史演进与传承路径 [J]. 湖南社会科学，2021，(03)：15-22.

[85] 王欢 . 红色文化对当代大学生理想信念的重要性探析——评《红色文化艺术的时代阐述》[J]. 科技管理研究，2021，41 (10)：233.

[86] 廖洪兰 . 仪式活动、生活教育与参与实践——红色文化传承发展的实现进路 [J]. 人民论坛 · 学术前沿，2020，(13)：124-127.

[87] 邱爽 . 中华人民共和国成立初期马克思主义话语体系构建：基于红色文化符号表征的分析 [J]. 华中科技大学学报（社会科学版），2020，34 (04)：31-37.

[88] 袁冬梅 . 红色文化艺术的历史意义与当代价值——评《红色文化艺术的时代阐述》[J]. 语文建设，2020，(13)：85.

[89] 李强 . 红色文化的本质、特征及传播路径 [J]. 社会科学家，2020，(07)：153-156.

[90] 张迪，崔燕 . 红色文化旅游资源的挖掘与传播——基于内蒙古红色资源的解读 [J]. 社会科学家，2020，(07)：63-68.

[91] 荆立群，薛耀文 . 红色文化传播研究的学科知识可视化分析 [J]. 晋阳学刊，2020，(03)：19-25.

[92] 徐斌，陈阳波 . 红色文化的基因延续与守正创新 [J].

人民论坛，2020,（14）：133-135.

[93] 邢永民．西藏红色旅游的发展进程、现状及其特征分析 [J]. 西藏民族大学学报（哲学社会科学版），2020，41（03）：111-119+127.

[94] 牛燕军．运用西藏红色文化资源　开展民族团结进步教育 [J]. 西藏民族大学学报（哲学社会科学版），2020，41（03）：27-31+39+153.

[95] 梁军，陈丽娇．视觉重构理论下红色文化数字化传播策略 [J]. 思想教育研究，2020,（01）：140-143.

[96] 梁腾．描摹与认同：新中国成立以来国画作品中红色文化的无声塑造 [J]. 新疆社会科学，2019,（06）：118-123.

[97] 梁金贵，莫生叶．军垦雕塑在兵团城市文化建设中的定位 [J]. 石河子大学学报（哲学社会科学版），2016，30（03）：101-105.

[98] 李红．用好文化资源　讲好兵团故事 [N]. 兵团日报（汉），2016-04-15（001）.

[99] 曹永清，谢伊苹，詹捷．浅谈对发挥兵团文化特殊作用的几点认识 [J]. 兵团党校学报，2016,（01）：74-76.

[100] 孙传国，安晓平．兵团红色文化遗产纪录片的社会价值——以《一师屯垦记忆》创作实践为例 [J]. 青年记者，2016,（05）：76-77.

[101] 刘春阳．传承红色文化　弘扬兵团精神 [J]. 当代兵团，2015,（23）：47.

[102]. 文化，兵地交往交流交融的桥梁 [J]. 当代兵团，2014,（23）：9.

[103]吴重吞．兵团文化的先进性特质[J]．兵团建设，2011，(23)：34-36.

[104]欧阳习若，缪建梅．开发利用兵团文献资源，打造红色文化旅游品牌[J]．农业网络信息，2014，(08)：131-134.